臺灣歷史與文化 研究輯刊

二四編

第9冊

余光中臺灣詩研究（下）

鄭禎玉 著

花木蘭文化事業有限公司

國家圖書館出版品預行編目資料

余光中臺灣詩研究（下）／鄭禎玉 著 -- 初版 -- 新北市：花
木蘭文化事業有限公司，2023〔民112〕
目 4+168 面；19×26 公分
（臺灣歷史與文化研究輯刊二四編；第 9 冊）
ISBN 978-626-344-366-2（精裝）
1.CST：余光中　2.CST：臺灣詩　3.CST：文學評論
733.08　　　　　　　　　　　　　　　　　112010201

ISBN-978-626-344-366-2

臺灣歷史與文化研究輯刊
二四編　第 九 冊　　　　　ISBN：978-626-344-366-2

余光中臺灣詩研究（下）

作　　　者　鄭禎玉
總 編 輯　杜潔祥
副總編輯　楊嘉樂
編輯主任　許郁翎
編　　　輯　張雅淋、潘玟靜　美術編輯　陳逸婷
出　　　版　花木蘭文化事業有限公司
發 行 人　高小娟
聯絡地址　235 新北市中和區中安街七二號十三樓
　　　　　　電話：02-2923-1455／傳真：02-2923-1452
網　　　址　http://www.huamulan.tw 信箱 service@huamulans.com
印　　　刷　普羅文化出版廣告事業
初　　　版　2023 年 9 月
定　　　價　二四編 9 冊（精裝）新台幣 26,000 元　　版權所有・請勿翻印

余光中臺灣詩研究(下)

鄭禎玉　著

第六章　余光中臺灣詩中的「地理景觀」

　　余光中寫臺灣的地理景物，充滿想像。無論是日月星辰、山川河海……，他把這些自然景物，具體地形象化為人、為神，把大自然的山、河、江、海、鳥、獸、蟲、魚，予以人格化或神格化，使其筆下的臺灣景物，「亦要得乎性情」，〔註1〕山水栩栩然具有靈性。地理景觀的實境與其想像的詩境，水乳交融，有如天成。這不能以胡思亂想視之：

> 胡思亂想與想像不同，胡思亂想無現實生活之憑依，不免荒誕、離奇。想像是將現實的「實境」昇華而為想像的「詩境」，這昇華和現實生活有密切的關聯；詩是生活土壤裡培植出來的花朵，是鮮花，不是紙花。有真才有美的存在，沒有真的美，便無藝術的價值。〔註2〕

藝術中的想像，是將現實加以鑄造，貴在「實境」與「詩境」能融合得了無痕跡。余詩中的臺灣景物，率多神話仙境，當然也不是余光中「假神道設教」，而是他有一種「神話的心靈」。在其眼中，天地萬物皆有靈性，於是下筆為文，大自然莫非神，也與人無異。

　　余光中對大自然的描寫慣以原始天地的意象呈現。如寫太平洋上秋颱的狂風巨浪：

> 當太平洋上，紋身的水族

〔註1〕〔清〕馮鎮巒《續聊齋雜說》評蒲松齡《聊齋誌異》，寫神鬼之特色云「說鬼亦要得性情」。余光中寫山川景物亦具此特點。
〔註2〕覃子豪，《論現代詩》。(臺中：曾文出版社，1982)，頁105。

在跳祭神舞，繞著一些船桅的圖騰

（〈颱風夜〉《五陵少年》）

濤天巨浪是原始「紋身的」「水」族，狂風暴雨是原始水族祭神的圖騰，他們繞著「船桅的圖騰」，在跳著祭神舞曲。

余光中筆下的臺灣景物，不是寫實主義（Realism）純客觀的寫實，也不是自然主義（Naturalism）所說的「自然」；〔註3〕而是他想像的詩境，不是現實的實境；但充滿藝術的真實感。尤其是他擅於創造奇譬妙喻，使景物充滿奇趣與童趣。

早期余光中寫景，都是觸景的言志或抒情；景物只是旁襯，言志、抒情才是詩的主旨所在。直到 1970 年的《白玉苦瓜》開始，其寫景描物，才是真正的寫景，而情志隱寓其中。尤其是高雄時期的余光中，筆下所寫的風景，景或物莫不神情俱足；它們若非是自然之神，就是天地精靈，其靈性一點都不輸給人類，甚至略勝一籌：

黯黯是山色擁抱著海水

閃閃是水光繾靠著沙岸

黑山就這麼綢繆著白水

只留下一片溫柔的灰色

在安慰遠遠的晚空

（〈鏡中天地──題我存攝影十題之〈小蘭嶼〉〉《安石榴》）

水「繾靠著」岸，山「擁抱著」海；黑黝黝的遠山「綢繆著」銀光閃閃的海水，遠空用「一片溫柔的灰色」「安慰」著。在詩人筆下，萬水千山既多情又溫柔，是一種質樸、天真的有情山水：

遠處的龍脈入海為岬〔註4〕

〔註3〕自然主義（Naturalism）是西方十九世紀末到廿世紀，從寫實主義（Realism）發展出來的一種文學主張與風格。他們以科學理性的態度審視社會與自然環境，像剖析標本（specimen）的態度，詳述大自然或人生百態，尤其是大自然演化的進化論觀念。其與寫實主義的區別在於，寫實主義對現實是客觀的描繪，而自然主義則慣用命定論（determinism）加以詮釋演繹，尤其是無可抗拒的命運（fate，destiny）等因素。參見 Chris Baldick，《牛津文學術語詞典》（*The Concise Oxford Dictionary of Literary Terms*）。（上海：上海外語教育出版社，2000 一刷，2006 五刷），頁 146～147；張錯，《西洋文學術語手冊──文學詮釋舉隅》。（臺北：書林出版有限公司，2005），頁 177～180。

〔註4〕地理學上指陸地向海突出的部分。如：「海岬」，亦稱為「角」。

峨然的山勢抱水成灣

只為了寵護小村的燈火

金黃的三四，青白的也不多

（〈蘭嶼六景〉之一〈夕望紅頭村〉〉《安石榴》）

山「抱」水成灣，再從「抱」字聯想，生發出「寵護」小村燈火之意——三三
兩兩的稀疏燈火，怎能令人不細心呵護。余光中筆下的臺灣山水風物，就是這
樣地饒富情味。

第一節　山嶽

在余光中的心目中，山是「高貴」的。它高高地聳立在遠方，像洪荒時代
的巨人般地矗立在那兒，不是天地之「至尊」，就是大自然的長老，再不然就
是已修道成仙的神仙：

一、觀音山

淡水觀音山舊稱八里岔山、橫直山、新直山、興直山。橫跨今新北市五股、
八里、林口三鄉，聳立在淡水河口西畔，是約六十萬年前火山噴發後所形成的
錐狀山。海拔六百一十二公尺，東與臺北市大屯山對峙，南與林口臺地相接，
是一座由火成岩構成的死火山。山形奇特，中間主峰尖聳特立，四周則有十八
個小峰，蟠曲環抱。從北投向北望，主峰就像是仰望的觀音，其他小峰則像十
八羅漢般圍繞在旁，是臺北盆地的重要地標。〔註5〕

余光中的〈觀音山〉（收在《蓮的聯想》）1962年6月24日寫於淡水，是
其新古典主義時期的作品，詩人隔著淡水河觀賞觀音山，對之吟詠謳頌，充滿
相思之情。

詩體用這時期最常用的三行體：中間一行，壓低排列，並刻意在句中用排
比句法。這樣第一、三行是單軌句，第二行是雙軌句，也就是余氏所謂的「單
軌句法和雙軌句法的對比」：〔註6〕

觀音仰臥成觀音，在對岸

雲裡看過，雨裡看過

〔註5〕參見大中國際多媒體編，《臺灣人臺灣事》。（臺北：統一夢公園生活事業公司，
　　　 2004），頁116～123。

〔註6〕見余光中，《蓮的聯想·初版後記》。（臺北：大林出版社，1977），頁161。

隔一彎淺淺的淡水，看過

……

曾立在江邊幻想，幻想在風中

　你凌波而來，踏葦而來

幻想我涉江去採藥，採芙蓉

……

最耐看該是隔岸，不是登山

　舉目是山，回頭是岸

我是商隱，不是靈均，行吟澤畔

　　整首詩共六節，都是這樣的句式，又適時地重複字詞，使之迴環往復，形成一種悠悠蕩蕩的韻律。余光中此時已知倒裝的妙處，他刻意地將句子倒裝，不只使詩句不致散文化；倒裝所產生的頓挫作用，也使詩情更加抑揚有致。

　　余光中強調所謂「新古典主義」，不是原封不動地跟隨古人亦步亦趨地復古。詩中「凌波而來，踏葦而來」、「涉江去採藥，採芙蓉」，雖取自古典意象；「採之欲遺誰？」也嵌入文言句式，但這都是余氏強調的古今「二元對立」的手法，也就是所謂「文白的相互浮雕」，不是古典詩歌的「復辟」。〔註7〕

　　此詩充分反映余氏「有深厚『古典』背景的『現代』，和受過『現代』洗禮的『古典』」，是余光中新古典主義時期《蓮的聯想》的典型之作。〔註8〕

　　其後，余光中再寫觀音山，已是十三年後的事情了。此時余光中旅居香港，對故鄉中國大陸的執著，轉趨沉潛，鄉愁詩減少，取而代之的是思臺、念臺之作，〈淡水河上〉就是這類的作品，詩名雖是「淡水河上」，實則是寫觀音山：

淡水河淡淡流過你眼睛

河上是雨，雨中是燈火

黃濛濛溫馴馴的燈火，一盞

偎在你髮上，一盞，在耳旁

更三三五五你眼睛裏盪漾

淡水河淺淺流過你眼睛

清明頭，端午尾，難斷這寒霏霏

島上的歲月常在雨裏

────────────

〔註7〕見余光中，《蓮的聯想・初版後記》。（臺北：大林出版社，1977），頁161。
〔註8〕上引余氏之文，《蓮的聯想・初版後記》，頁160～161。

蛙聲蟬韻最後一個暑假

淡水河悠悠流過你眼睛

雨失落在河裏，河呢，失落在海裏

無端失落的總似最美麗

多少眼眸失落在他鄉

年年此際向東飛，走多少孩子

夜蛙晝蟬空留這城市

攫你去風上雲上，一吼七四七

浩浩看太平洋，滾滾看密西西比

狂藍狂瀾洶打你驚駭

的眼眸，島在夢裏

淡水河淡淡流過你眼睛

（〈淡水河上〉《與永恆拔河》）

這時的余光中，詩藝更臻高境，分段詩減少，轉以一種從頭到尾連綿不斷，一氣呵成的詩體，這詩體成為余詩的「基調」。余光中自云這種詩體是將中國古風與西方無韻體（blank verse）「合璧」，使二者相融為一。他認為這種詩體，能像滾雪球般迴轉不休，或使詩氣勢磅礡，或使詩穩重厚實。此詩首句以「淡水河淡淡流過你眼睛」起，中間以「淡水河淺淺流過你眼睛」與「淡水河悠悠流過你眼睛」相連繫，最後又以「淡水河淡淡流過你眼睛」收尾。詩中的雨、「蛙聲蟬韻」、「夜蛙晝蟬」、觀音眼眸的變化，回環往復於全詩，使詩一氣呵成，首尾圓合。

四年後的暑假（1979 年 8 月），余光中從香港回臺北，三寫觀音山：

依舊是河聲入海，車聲進城

輪滾現代

水歸永恆

依舊是水枕一覺的側影

依舊是最美的距離——對岸

河流給岸看

岸分給人看

行人看十里的妙相曼顏

……

三十年，在你不過是一炷煙

倦了，香客

老了，行人

映水的纖姿卻永不改變

……

讓行人都老去，只要你年輕

讓地靈水怪

讓一切貪頑

都俯首你普渡的悲憫

……

你無所回應，卻無不聽聞

喃喃的私禱

默默的請求

你一定全許了我吧，觀音？

（〈隔水觀音──淡水回臺北途中所想〉《隔水觀音》）

此詩採三行體之變體──由三行變為四行，中間原本壓低一行的排比句式，改為不壓低的兩行，實際上仍是前三行體的排比句式，只是排法由原先的一行改為兩行的排列方式。從視覺效果看，句子變得較為簡潔、凝鍊。

「依舊是……」「仍……」，似乎是前詩〈觀音山〉的餘緒，也彷彿是它的「續篇」。如「依舊是最美的距離──對岸」呼應〈觀音山〉「最耐看該是隔岸，不是登山」；「上下涉水／來回趁波」呼應〈觀音山〉「幻想我涉江去採藥，採芙蓉」。

此詩與前首〈觀音山〉最大的不同是：詩人眼中的景物，不再是被動地被看、被描寫，而是彷彿也有生命般，自在自主地活動著，如：「輪滾現代／水歸永恆／……水枕一覺的側影／……／河流給岸看／岸分給人看／行人看十里的妙相曼顏」。車輪滾進現代，河水歸入永恆，都是車輪與河水自發性的行為，不是如「淡水流著」那樣，「靜」立在那裡被詩人看、被詩人寫。淡水河與其河岸，縱使是「流給岸看」、「分給人看」，也是活生生地在活「動」著，而不是固著地「靜」杵在那兒了。更別說「高速公路在遠方呼嘯」，把高速公路寫得那樣地囂張拔扈。就連遠眺觀音山十里的「妙相曼顏」、「映水的纖姿」，也比「觀音仰臥成觀音」、「飄渺的觀音」，具體、生動許多。這種將景或物，

轉擬化為栩栩如生的生命體，活靈活現地活躍在余詩中，余光中在《白玉苦瓜》後，深諳的個中三昧，成為他極獨到的手藝。

　　二十八年後（2007年），余光中第四度寫淡水觀音山，詩意已轉向虔誠的宗教膜拜了：

　　……

　　無比奇麗的雕品
　　多少朝山者的眼神
　　在水天之間，順著
　　豐盈而變幻的體態
　　與山勢共轉過來

　　聞說你三十有二相
　　不變是慈悲的心腸
　　十萬億佛土外
　　任誰仰呼你法名
　　立地都能得接引

　　我在西子灣的龕頭
　　長供你高貴的立姿
　　曾想把聖體橫放
　　如關渡隔水的模樣
　　卻不敢妄瀆造次

　　（〈飛過觀音山〉《藕神》）

將觀音山喻為奇麗無比的雕藝品，與自己在「西子灣的龕頭」供奉之觀音立像，一橫一豎，相互映襯。此詩雖然也是分段的詩體，但不是三行體，而是每節五行，每行長短最多相差一個字，顯然句子不再刻意使用長短句，或單軌、雙軌的句法交錯。沒有華辭麗語，好似繁華落盡，只現真純那樣，展現的是那種宗教虔誠朝聖的心情。

　　余光中這四首寫觀音山的詩，充分顯現他在每個時期不同的心境與不同的藝術手法，試看各詩末節的結語：

　　最耐看該是隔岸，不是登山
　　　舉目是山，回頭是岸
　　我是商隱，不是靈均，行吟澤畔

（〈觀音山〉《蓮的聯想》）

攬你去風上雲上，一吼七四七
浩浩看太平洋，滾滾看密西西比
狂藍狂瀾洶打你驚駭
的眼眸，島在夢裏
淡水河淡淡流過你眼睛
（〈淡水河上〉《與永恆拔河》）

你無所回應，卻無不聽聞
喃喃的私禱
默默的請求
你一定全許了我吧，觀音？
（〈隔水觀音——淡水回臺北途中所想〉《隔水觀音》）

而不論是立，是臥
在不解惜福的亂世
也只有跪地祈求
你千臂能伸一指
或千眼能投一瞥
或許，這福島還可救
（〈飛過觀音山〉《藕神》）

〈觀音山〉說觀音山「……和菩薩同在／和慈悲同在，和美同在」，就是這樣的特質，使詩人愛慕不已。雖然觀音常在其眼中、夢中，卻是「飄渺」難以親近的。他唯有選個最「耐看」的距離，「舉目」「隔岸」欣賞。且特意提醒讀者，自己這樣的「行吟澤畔」，非如屈原憂國思君，乃是李商隱暗戀傾慕的美人，那種謙謙情懷。

> 書以「隔水觀音」為名，寓有對海島的懷念。「觀音」不但指臺北風
> 景焦點的觀音山，也指整個海島，隱含南海觀音之意，所以「隔水」
> 也不但隔淡水河，更隔南海的煙波。〔註9〕

可見〈淡水河上〉觀音看孩子失落在他鄉的「驚駭眼眸」，與〈隔水觀音〉所「私禱」「請求」的，都是對臺灣的難捨與禱求觀音庇佑臺灣。香港時期的余

〔註9〕余光中，《隔水觀音‧後記》。（臺北：洪範書店，2008），頁174。

光中，其寫詩的方向，在民族、社會、現實三者中，比較強調民族情與現實感。然而以其多數時間都在香港，與臺灣的距離自云「似遠阻又似鄰近」，這種似疏離又似拉近的地域性，使他廓清自己對臺灣的感情，而常懷思臺灣。這十年臺港兩地，來來去去的「小別」，將他與臺灣的距離拉得更親更近了。

到了〈飛過觀音山〉，詩人則似虔誠的宗教信徒，面對觀音山，帶著「朝山者的眼神」那種朝聖的心態。他「跪地祈求」，希望「能得接引」；並為國家祈福，但願臺灣解嚴後的社會與政治亂象，能得觀音的千臂一指、千眼一瞥，讓臺灣這福島得以解除亂象。可見這時的余光中，其眼光所注目的，已是地域性逐漸加重的臺灣全島了。

二、大尖石山

臺灣中央山脈的最南端是恆春半島丘陵，山勢已是強弩之末。中央山脈在臺灣的北部、中部，其高度都在 3,000 公尺以上；到了高雄、屏東一帶，已降至 1,500 公尺，除大武山（標高 3,092 公尺）外，大武以南更只有 300 公尺左右，山脊窄狹，愈近海岸愈趨低緩。

每年 10 月到翌年的 4 月，是臺灣東北季風盛行的時節。強勁的東北季風在北部、中部，翻越不了中央山脈，只能沿著東邊的山勢一路南下。直到大武以南，低矮的山丘再也阻攔不了季風，長風翻過山頭，在西邊的背風側，形成強勁的下坡風。風速平均每秒 20 公尺，也曾高達每秒 37.2 公尺，相當於 13 級風。這種強風從東邊翻山越嶺而下，直衝入西部海岸，當地人稱之為「落山風」。余光中形容這落山風說：

> 落山風來了，快抓緊你的斗笠
> 一羣羣過境的冬候鳥
> 帶來七個月的風季
> 落山風來了，吹過山坡與河谷
> 吹過懸崖與絕壁，吹過
> 甘蔗和高粱田，吹過荒地
> 把一切草木都吹得低頭
> （〈墾丁十九首〉之二〈落山風〉《夢與地理》）

口氣急促，節奏緊湊，一副避之唯恐不及的態勢，南臺灣的落山風確實使遇之者俯首驅避。這種強勁的風勢，不但乾燥而且持續達七個月之久，農作物除牧

草外，〔註10〕其他作物都難以生長，所以說落山風把一切「都吹得低頭」，作物更是如此。唯見一座孤挺的山石——大尖石山——永不低頭的矗立在天際：

> 唯有大尖山獨立在風口
> 把高貴的額頭
> 對著天長與海久
> 昂成墾丁不朽的形象
> （〈墾丁十九首〉之二〈落山風〉《夢與地理》）

恆春半島丘陵的地質，主要是由未變質的中新世地層組成，其中第三紀的墾丁層中，夾有堅硬的礫岩塊，對風雨等外來的侵蝕，有極強的抵抗力，尤其是落山風。在砂岩、泥岩、石灰岩等，不敵落山風及雨水的刮蝕，紛紛剝落、崩解後，只遺堅硬的礫岩塊裸凸在丘陵上，呈孤立的山峰狀，這就是大尖石山和青蛙石——崩餘後，所殘留的礫岩塊。

大尖石山（簡稱大尖山）海拔 318 公尺，以其四周地勢都是極低矮的緩坡，無論從墾丁國家公園的任何一個角度，都可以看見它。其形狀，南北向似雞冠之頂，東西向則尖銳似三角錐，是墾丁國家公園最顯著的地標，所以余光中稱之為「墾丁的焦點」：

> 抬頭，你永遠在上面
> 回頭，你永遠在天邊
> 墾丁是一切風景的結論
> 而你是墾丁的焦點
> 無論春天如何攀爬
> 都不能抵達你的半腰
> 天風和野雲都為你改道
> 陽剛之美的一座石塔
> 所有仰望的眼光合力
> 將你供舉到天際
> （〈墾丁十九首〉之一〈大尖山〉《夢與地理》）

大尖石山所以得詩人之青睞，以其昂著「高貴的額頭」「獨立在風口」的偉姿，再大的風雲都須為之改道，連春色也攀緣不上，這種孤高的氣節充滿陽剛之

〔註10〕墾丁因此有全臺最大的牧場，俗稱「墾丁牧場」，實為行政院農業委員會畜產試驗所的恆春分所，佔地 1,123 公頃，是臺灣重要的肉牛繁殖場。

美。這氣質在〈爬山的次日——獻給大尖山〉（收在《夢與地理》）再一次予以
呼應：

> 一寸寸，拔，上天去，只為
>
> 那昂然的孤高在風上，雲上
>
> ……
>
> 最後的一級了，上來吧
>
> 這百里一掃的壯觀，只許鷹看
>
> ……
>
> 青蛙石，牛角山，一切羅拜的石裔
>
> 都圍在你腳下觀禮
>
> ……
>
> 心魂仍留在岌岌的絕頂
>
> 嘯著狂風，追著野雲

山不在「高」。海拔 318 公尺當然算不上是「高」山；但相對於四野的平蕪，
舉目但見大尖山聳立天際，大尖石山就是「高」山了。這高度，詩人說是每一
個「仰望的眼光」，合力將之「供舉到天際」的。余光中藉大尖山，成為眾人
焦點的形勢，把大尖山全力拉抬到高而遠的地位，可見前面說，墾丁的風景才
算風景，這說法當然是誇大了；其所以誇大，正是為大尖石山的地位做鋪墊、
造勢，才故意誇大的，文學中的誇飾，自是不能以自然科學之精算論之的。

三、玉山與雪山

　　臺灣真正的「高」山，前兩名是玉山和雪山。玉山山脈在最近一次地球的
蓬萊造山運動時，〔註11〕從海中隆起，位居臺灣地殼上升軸線的最高軸部。主
峰海拔 3,952 公尺，為臺灣第一高峰。北隔濁水溪，與雪山山脈遙遙相望。

　　雪山山脈主峰——雪山，是臺灣第二高峰，〔註12〕海拔 3,886 公尺。玉
山、雪山與南湖大山、秀姑巒山、北大武山，並稱「臺灣五嶽」。

　　這兩座臺灣屬一、屬二的高山，余光中有〈武陵道上見雪山〉（《夢與地
理》）、〈雪山二題——觀王慶華攝影〉（《高樓對海》）與〈玉山七頌〉（《五行無
阻》），加以詠寫。〈雪山二題〉之一，詩名曰〈至尊〉，〈玉山七頌〉之中，也

〔註11〕時間是在距今約二至三百萬年前的上新世至更新世之間。

〔註12〕《臺灣府誌》云：「積雪瑩澈光明，晴霽望之，輝白如玉」，因名為「雪山」。

有一詩名曰〈至尊〉，則究竟何者才是「至尊」？試將余光中對二山之描述，歸納如下：

	雪　山	玉　山
「至尊」含意	眾峰至尊的長老	山族的至尊／一切仰望和指點的焦點
山頂樣態	1. 崢嶸的白頭 2. ……昂著分水嶺的白頭／在一切煙霧與噪音／一切松針與鷹隼之上／與皓皓的崑崙，皎皎的天山／終古對望	1. 白首天際…… 2. 最早的金暾，最後的赤霞／唯你崢嶸的絕頂獨戴
外形樣態	1. 那樣斷然的冷肅／……超越眾山的孤高／三千九百公尺的魁偉 2. 天黑地白，終古相對 3. 一列剛毅的石顏／皺紋美麗，輪廓雄奇	1. 三九五二，是你高貴的身材 2. 肅靜的陡斜，只讓雪花／輕輕飛旋著六角傘／淨白耀眼的空降部隊／一夕自天而下

從形象看：玉山肅靜的陡斜只准雪花降落、所有仰望和指點的焦點、獨戴最早的金暾與最後的赤霞，這些都是宇宙王者的「至尊」形象，可見在余光中的心目中，玉山確實是臺灣山族最高貴的至尊。雪山有魁偉的身材，雄奇的輪廓，美麗的皺紋，冷肅地與崑崙、天山，終古相對，符合有智慧、行事果斷的至尊長老應具備的條件。

詩人對兩山穹頂的描寫，也不相同：雪山的蒼穹「天黑地白，終古相對」；玉山則受上天的「青睞」，天藍得酷烈，令人對之無可奈何：

> 遠處的雪峰都為之低首了
> 而愈近高夐的穹頂
> 那藍色愈是懾人
> 誰敢目不轉睛地逼視
> 而不受永恆暗傷呢？
> （〈玉山七頌〉之二〈青睞〉《五行無阻》）

詩人說玉山的天，那樣的「純然之藍」，是上天特意「藍給玉山的諸峰看的」，只有玉山諸峰能享有這樣的「藍」天，這是受天「青」睞者獨有的尊崇。詩人習於紅塵的凡眼，自當無福消受去正視這「純然之藍」。於是貼心的一排樹，「剪過影來」，為詩人遮一遮，這玉山受天獨寵的「純藍」眼光。詩人運用他

最擅長的擬人化，想像一整排的樹，將樹蔭擬如紙般地「剪」下來，為自己遮陽，躲掉那酷烈的藍光，整排樹被寫得細膩又體貼，可謂妙得自然於情理中。

四、阿里山

余光中詠阿里山的詩，有〈阿里山讚〉與〈阿里朝山〉兩首，並收在《太陽點名》一書中。

阿里山係由十八座大山組成，屬玉山山脈之支脈，總面積有 1397.83 公頃，在嘉義市東方約 75 公里處。「阿里山」是整個山區之泛稱，非某一座山之專名。〔註13〕

阿里山區的氣溫呈垂直分佈，熱帶、副熱帶、溫帶氣候都有，山區雲霧終年繚繞，雲海蔚為奇觀，為阿里山五奇之一。〔註14〕此外，阿里山森林也是五奇之一。日據時期，日人調查阿里山區森林，約有三十萬株的原始檜木林；其後又發現神木群，〔註15〕這些紅檜樹齡多在千年、百年以上，樹幹高聳入雲，可惜已被砍伐殆盡。行走在殘存的樹林間：

　　只覺得參天高寒有樹影

　　向人幢幢地圍來

　　（〈阿里朝山〉《太陽點名》）

阿里山樹群之高聳，於此可見。現在阿里山森林遊樂區，修有許多步道，如巨木群棧道、福山古道、塔山森林步道、對高岳森林浴健康步道、祝山觀日步道、水山步道等等，為登山、健行，享受森林浴的最佳場所。遊客循著步道入山：

　　一縷芬多精牽我的鼻子

　　神木長老所派遣

　　一路盤旋又迴轉

〔註13〕西元 1696 年刊行的〈臺灣府志〉即載「阿里山」山區之名。1937 年安倍明義的〈臺灣地名研究〉，認為阿里山係玉山西峯延伸支脈山彙之總稱。「阿里山」名之起源無由考證，有一種說法，認為鳳山平埔族人，稱該地山名為「Kali」，嘉義地區亦然；漢民取其諧音，稱之為「傀儡」（河洛話）。其後，Kali 轉為 Ali。

〔註14〕雲海、森林、日出、晚霞以及登山鐵道並稱「阿里山五奇」。可參見阿里山國家森林遊樂區網站　2015.8.27。網址：http://recreation.forest.gov.tw/RA/RA_1_1.asp。

〔註15〕其中香林神木、象鼻木、三代木、千歲檜、永結同心、金豬報喜、三兄弟、四姊妹等，都是雄偉奇特的紅檜木林。參見阿里山國家森林遊樂區網站　2015.8.27。網址：http://recreation.forest.gov.tw/RA/RA_1_1.asp。

把我誘上了阿里山

（〈阿里朝山〉《太陽點名》）

〈阿里朝山〉寫於 2013 年 4 月 23 日，頗有向阿里山勝景朝聖之意。詩中除了說森林芬多精的誘人外，又細數阿里山群芳之爭豔：

九重葛和一葉蘭，遲櫻

和杜鵑，一一來招呼

用芬多精或是芳多精

用近馥或是用遠馨

來寵上山的凡人

（〈阿里朝山〉《太陽點名》）

詩人用「寵」字，告訴讀者，身受芳多精與花香的薰染，是阿里山給遊客極大的恩寵與恩澤。尤其是每年三、四月的阿里山花季，除常見的九重葛、杜鵑外，還有臺灣高山原生蘭的臺灣一葉蘭，以及各品種的櫻花，如：千島櫻、吉野櫻、山櫻、八重櫻……，它們依序綻放，綠煙紅霧，滿山花海，是阿里山一年一度的盛事，賞花客絡繹不絕。

阿里山五奇之一的日出，更是壯麗動人，許多遊客正是為此而朝山的。〈阿里山讚〉寫於 2012 年 8 月 4 日，詩人先層層鋪墊、蓄積，欲為阿里山的日出，翻出「高」高的氣勢：

春季為何總如此年輕

山雀和蜜蜂究竟

對櫻花說了些什麼

秋季為何總如此清醒

銀杏和青楓究竟

對風霜說了些什麼

神木為何總如此沉靜

古老的回憶究竟

內心轉多少層年輪

高山為何總如此鎮定

斜坡和絕壁究竟

是怎樣的去脈來龍

連續四小節，用「……為何總如此……」、「……究竟……」的句法，以伶俐輕巧的節奏，營造阿里山總是難以言喻的美：第一層，為什麼阿里山的春天，總是那麼年輕？山雀、蜜蜂和櫻花是怎麼辦到的？第二層，為什麼阿里山的秋天，總是那麼清醒？青楓和銀杏是如何應付風霜的？第三層，為什麼阿里山的神木，總是那麼沉靜？祂內心究竟被圈了幾輪，才能如此貞定沉穩？第四層，為什麼阿里山的高山，總是那麼鎮定？一層層斜來又斷去的山脈，〔註16〕它又是怎麼理清他們的「來龍去脈」？藉著問題，把文勢愈翻愈「高」；似乎是明知故問，可仔細想想，卻又確實不知，那只有問天了；於是「高」高在上的太陽，就順理成章地出場了：

　　　　這一切，只有太陽知道

　　　　這一切，造化之功

　　　　連史前的造山運動

前四節不斷地翻騰蓄起的「高」高之勢：銀杏、青楓「高」於櫻花，神木「高」於銀杏、青楓，高山又「高」於神木，最後至「高」的太陽就出場了。所以詩人說，只有太陽能解答上面連串的問題，只有太陽可以。祂在「高高」的天上，與造化同功，親身經歷造山運動的種種，更有甚者，今日牠仍宛如新生，恁的年輕：

　　　　只有祂，永遠如此年輕

　　　　每天把臺灣喚醒

　　　　為阿里山加上金冠

　　　　一頂金冠，尊貴而燦爛

　　　　用霞火煉丹而成

　　　　全世界共仰的壯觀

朝暾日日喚醒臺灣，並用朝霞的火力，煉就一頂金燦燦的金冠，為阿里山加冕。這頂輝煌的金冕，尊貴無比，是全世界最「壯觀」的日出奇景之一，壯哉！阿里山。

　　余光中就是用這樣的翻騰蓄勢法，讚頌阿里山無可言喻的日出美景。

〔註16〕阿里山森林大部分屬於高山平夷面地形。從大塔山俯瞰，西側成緩坡走向，祝山、對高岳等山稜；東側為地形險峻的陡峭斷崖，隔著和社溪與塔塔加相對。小塔山亦為斷崖地形。阿里山溪以西北向注入清水溪，向南則於阿里山公路山谷為曾文溪上游。參見阿里山國家森林遊樂區網站　2015.8.27。網址：http://recreation.forest.gov.tw/RA/RA_1_1.asp。

第二節　海洋與溪河

　　臺灣四面環海，北臨東海，南接巴士海峽與南海；東臨太平洋，西隔臺灣海峽。余光中筆下的海洋有太平洋、南海與臺灣海峽，寫這些海洋都與其思臺、念港或懷鄉有關。尤其是回國後，詩人詠寫在高雄西子灣的所見所感，或多或少會涉及南海或臺灣海峽。這些與南海或臺灣海峽有關的詩，大多以抒情為主，已見論於其他篇章，餘下純寫海景者極少。本節先述海洋，次敘溪河。海洋先舉余光中歌詠海洋之詩，以明詩人對海的情懷，再就墾丁晝夜的海岸、龍坑日出及南灣與西子灣落日，論述詩人所詠寫的海景。詩人詠寫的溪河，有拉庫拉庫溪、保力溪砂嘴、立霧溪，茲一一分述於後：

一、海洋

（一）童話的世界

　　余光中描寫有關海洋的事物，大多是用童話的方式，就像愛麗絲夢遊仙境一般，詠寫海洋就像夢遊童話那樣。

> 你知道山高不及海深嗎？
>
> 你知道地廣不及海闊嗎？
>
> 你知道海量是怎樣的肚量？
>
> 你知道海涵是怎樣的涵養？
>
> （〈你想做人魚嗎〉《藕神》）〔註17〕

用兩種句式連問四次：前兩句的反問口氣，使海比山深、比地廣闊的意思，很清楚地暗示出來——海是山不及，地也比不上的。至於「海量」、「海涵」二詞，為尋常的慣用語，通常用以喻有大肚量、好涵養的。詩人卻一反這種常用法，把詞義回復到最原始的字義去，真的是問大海的「肚量」與「涵養度」究竟有多少？反倒覺得新鮮、有趣，這就是「陌生化」的效果。海的肚量有多大？海的涵養有多深厚？這一問，不但讓習用的「海量」、「海涵」，變得有「深」度又有趣，連海的深、闊、無垠，也在讀者心中有個底細了。

　　這麼廣闊的海洋，若追溯地球生物的起源，余光中說人類與海洋，正是人與故鄉的關係：

〔註17〕此詩乃余光中應國立海洋生物博物館所請而作，然因館成後，受展示空間所限，得詩人首肯拆為二詩，重新命名為〈推開玻璃門〉及〈比夢更神奇〉，題刻於「臺灣水域館」入口兩側的牆壁上，詳見《國立海洋生物博物館館訊》第三十八期。

　　每個人的家譜追溯到遠古

　　你知道嗎，都是一條魚

　　深海遠洋，才是我們

　　最早的故鄉，懷鄉正是懷古

　　望海的眼睛，因此，都著迷

　　似乎記起了什麼，卻說不清楚

　　　　（〈水世界三題──海洋生物博物館〉之〈海不枯，石不爛〉《藕神》）

大海是生物之所從出，所以是我們的故鄉。我們望著海洋，才會覺得那麼熟稔，好像似曾相識，又彷彿憶起了什麼，卻又遙遠得什麼都不記得了。原來「望海」正是望鄉；懷古正是「懷鄉」啊──海洋是人類共同的原始記憶。

　　在容格（K. Jung）的理論中，有一個假設，即人類的意識背後，都有一個集體潛意識，這是人類祖先反覆出現的精神事件所凝成的心理體驗。對我們而言，這個潛意識從來不曾消失，它們以原始的意象，世代傳承。這個原始的意象（以下稱「原型」），不斷地提供祖先的經驗形式，因此這種原型不是屬於個人，是屬於全人類。

　　就容格看來，這種潛意識是人的生命賴以奔騰的河床，也是人類靈魂真正的家。神話之所以迷人，就在它觸動這層深沉的靈魂，獲得一種生命的共同感。這種感覺，可以跟宇宙和諧共鳴，讓人不感孤單。因此，當心靈與神話原型結合時，靈魂深處就會獲得一種滋潤與歸宿感。容格認為，神話是集體潛意識的原型象徵，它從先民的活動流傳下來。不但主宰一個民族的文化發展，也豐富這民族的文學、藝術、宗教與哲學。即使在科學昌明的今天，仍無法抹煞它的存在，也無法否定神話的價值。它是遺傳並鐫刻在人類靈魂深處的符碼，只要在適當的時機，它就會從潛意識跑到意識形態中來。〔註18〕

〔註18〕瑞士心理學家容格（Carl G. Jung, 1875～1961）批判佛洛伊德的精神分析學之後提出了影響文學、神話批評的心理分析學說。它的重心是所謂的「集體無意識」（Collective Unconsious）和「原型」（Archetype）理論，容格的集體無意識並不依賴個人而得到發展，而是遺傳的。它由各種預先存在的形式即原型所組成，這些原型只能次生地變為意識，給某些心理內容以確定的形式。他認為無論神話抑或其它藝術作品，其中所蘊藏著的種種「意象」（image），都有最原始或最古老的、世代相傳的「本源性」圖式或「模型」。例如，神話所寫及的水、土地、葫蘆、山體等等往往是「母親」原型，而英雄的受難、除害、救世、死亡等等一般說屬於「生命」原型。參見蕭兵著，《神話學引論》（臺北：文津出版社，2001），頁235～236。另見胡經之、王岳川、李衍柱主編，《西方文藝理論名著教程》（北京：北京大學出版社，2003），下冊，頁113～125。

　　余光中說這記憶得追溯到極遠極遠的古生代。那個很遠很遠的古「故鄉」，在余光中的眼中它是一個童話世界：

　　　　雄偉的大翅鯨，抹香鯨

　　　　在亮藍的高速公路上

　　　　卻迎風噴灑壯麗的水柱

　　　　（〈你想做人魚嗎〉《藕神》）

詩人把大海擬如陸地般，譬喻這條「亮藍的高速公路」，其上潮汐「吞吐」、風波「鼓譟」，其下則是「海藻的草原，水族的牧場」，〔註19〕何其雄偉。那樣一個童話世界，全由大海的主宰——海神——掌控，其祕藏的財富不可勝數：

　　　　海神的財富是怎樣祕藏？

　　　　究竟有多少珊瑚和珍珠

　　　　多少海葵和海星，多少水母

　　　　浮潛出沒，多少鯊魚和海豚？

　　　　……

　　　　滿肚子沉船和鏽錨的故事

　　　　比記憶更深，海啊，比夢更神奇

　　　　（〈你想做人魚嗎〉《藕神》）

這種問「有多少」的激問語氣，已暗示是多到不可數計了，所以不必有確實數據的答案。而沉沒的船隻、鏽蝕的鐵錨，滿滿的一肚子，許多船難的故事，都跟它有關，於是詩人往更深的另一層面去說——與無法真實見到的人「心」去「虛」比：人心是無形的，可是我們都知道它深不可測、幽微難明；而海的幽深不僅比山高，還比人心更深邃、更奧祕——「比記憶更深」、「比夢更神奇」。夢境與記憶，在人心的極深處、在人類最幽微的潛意識裡，它是個深不可測的神祕世界，可是詩人說它與海相比，海「更深」、「更神奇」——這若不是童話，還能是什麼？詩人以夢遊的童話比之海洋世界，因此就更顯得合情合理了。有人說，比陸地寬廣的是海洋；比海洋寬廣的是天空；比天空寬廣的是人的胸懷。余光中在此，等於把這話推翻了。

（二）墾丁的海岸

　　〈墾丁十九首〉的〈金色時辰〉、〈銀夢海岸〉及〈問海〉（收在《夢與地理》）三首，是詩人少有的純寫海景之作：一寫墾丁晨曦中的海景，一寫月光

〔註19〕上引詩句出自余光中詩〈你想做人魚嗎〉，收在《藕神》。

下的海面，另外，則是寫墾丁海岸所見的浪花。其中〈問海〉寫海景又寓含世間哲理：

> 是驟生也是夭亡的典禮
>
> 剎那的驚歎，轉瞬的繁華
>
> 風吹的一株水晶樹
>
> 浪放的一千蓬煙花
>
> 為何偏向頑石上長呢？
>
> 為何偏向絕壁上開？
>
> 壯麗的高潮為什麼
>
> 偏等死前的一霎才到來？
>
> 問你啊，無情的海

洶湧的波濤，一排排衝撞墾丁沿岸的岩石與崖壁，激起層層的浪花，詩人形容是風吹的「水晶樹」、浪放的「千蓬煙花」，與蘇軾的「驚濤裂岸」「捲起千堆雪」比，聲勢及顏色都遜色了些，東坡〈念奴嬌〉恐是寫狂濤拍岸的絕唱了。

這種「轉瞬的繁華」帶來「剎那的驚歎」，非人力所能為。余光中對大自然的禮讚，有三種是以「典禮」喻之的：日出、日落及瞬息的狂濤拍岸。它們都是令人驚歎的大自然現象，那種壯麗的偉力，確實值得以典禮之莊重態度視之。

浪擊頑石與絕壁，浪花瞬生驟死。一轉瞬間，是生也是死，是死也是生，所以「是驟生也是夭亡的典禮」：

> 詩不是哲學，但可以含蓄哲理，在表現個人的情思之外，還可以探
>
> 究普遍的道理。〔註20〕

死生是大事，這種方生方死，方死方生之理，常見於世間萬物，卻極少有人能參透其中道理，是以詩人數度「問海」這種哲理的真諦，更逕以「問海」為詩題。

〈金色時辰〉則寫旭日初昇，斜斜的光線照射在海上，在日影的烘托下，整個海面變成「一整幅不可能的絢豔」。這「絢豔」何以「不可能」，因為它是：

> 用旭日的細絲線
>
> 一針針密密地鈎成

〔註20〕余光中，〈詩與哲學〉《余光中談詩歌》。（江西南昌市：江西高校出版社，2003），
　　　頁48。

這幅用朝曦的金絲，密密鉤成的金鱗錦繡，「奇幻」得令人不可思議，迴非人間所有，所以：

> 只要你能夠找到線頭
>
> 輕輕地抽，靜靜地收
>
> 就能夠把這滿海的赤金鱗
>
> 一網都打盡

余光中把這幅金曦所織就的「金色時辰」，設想從金絲的線頭，一鱗一鱗地抽掉，像毛衣從線頭拆掉那樣，這是大多數人都有的經驗。整海的「赤金鱗」，瞬間就被抽個乾淨，彷彿被一張看不見的網，輕易就一網打盡似的，令人惋惜。

墾丁日光中的海景是金色的，而月光中的海岸則是銀色的：

> 今晚的海岸，該怎麼說呢？
>
> 遠方，是藍幽幽的天色
>
> 近處，是黑闃闃的地形
>
> 只有中間閃動著一片
>
> 又像是水光又像是時光
>
> 從一個吹笛的銀夢裏
>
> 滿滿地流來
>
> (〈墾丁十九首〉之六〈銀夢海岸〉《夢與地裡》)

闇藍的天、闃黑的地，海在中間閃著銀色的水光。閃爍的銀白波光，「滿滿地流來」，詩人說它像笛聲般，把人聲聲地吹入「銀夢裏」。明明是「藍幽幽」、「黑闃闃」及「閃動著」的「水光」，卻說像笛聲般，詩人就是用通感去構築，這藍、白、黑三色，既有聲又有色，聲光交迭的墾丁「銀夢海岸」。

（三）龍坑的日出

余光中寫臺灣的日出，除阿里山外，另有一首極為精彩，地點不在天邊的山，而是遠在海角的龍坑。

龍坑在屏東縣恆春鎮，1989 年，他在龍坑「等待黎明」——1986 年 4 月他已寫在龍坑觀日出——此詩好像是補敘日出前的那一段：像童話一樣，詩人把黎明視為天地的胎兒，他即將破胎而出，於是天地萬物對黎明的「即將」臨盆，都忙碌、不安地等待著。

首先是胎動——從夜的最深、最底層，傳來不安的胎動。金鷹驚覺地飛起來，呼叫勁風，叫它把大地媽媽胎動的消息，「吹送」給天空爸爸知道：

　　說黎明的預產期到了

　　黑暗隨時要破胎

　　而從噴血的壯麗之中

　　要跳出一匹哮吼的太陽

　　（〈鏡中天地——題我存攝影十題〉之〈等待黎明——龍坑〉《安石榴》）

這樣的描寫既有神話的原始氛圍，又富童趣。於是山岡驚訝地昂起頭，岩壁緊
聳著背，萬物都在屏息等待黎明破胎的那一刻。這麼生動的描述，讀者彷彿不
是在讀詩，而是在翻著一本童話漫畫書呢。

　　三年前（即前述的 1986 年 4 月），余光中往墾丁欲觀哈雷彗星而未果。當
晚即轉往龍坑觀日出，「迎接明天」。此詩可視為余光中寫日出的代表作。

　　首先由「薄薄」的夜色揭開序幕：

　　夜是一張薄薄的油紙

　　輕靈巧妙的鳥舌

　　究竟用幾口剪刀的音樂

　　剪開一角惺忪的黎明？

　　（〈墾丁的一夜〉《夢與地理》）

詩人把數聲鳥鳴，喻之為「幾口剪刀的音樂」——鳥喙如剪，故以「口」為單
位。矇矇亮的夜譬之是「薄薄的油紙」，用鳥喙這把利剪，剪開如油紙之曉夜
的一角，於是猶是睡眼惺忪的黎明，就在被剪開的一角露出一絲光線來，而海
潮還在打著鼾。其鼾齁有如雷鳴，彷彿正「搖撼」著海邊的林投樹影。

　　接著，是太平洋驚人的聲勢，為底下即將噴吐而出的太陽蓄勢：

　　劈臉鞭過來那麼長的水平線

　　太平洋鼓動滿海的潮水

　　輪番來搗打黑珊瑚的岩岸

　　漩渦和飛沫的囂音

　　震動怪石遍體的層鱗

　　稜角的鋒芒唐突著曉色

　　龍骨盤錯著蛟筋

　　（〈墾丁的一夜〉《夢與地理》）

　　龍坑在墾丁國家公園的範圍內，也是臺灣東海岸的最南端，可稱做「國境
之南」。往東可遠眺太平洋，往西則是巴士海峽；東北季風一到，龍坑是聽狂

濤、觀巨浪的最佳地點。

龍坑早就被劃為臺灣的自然生態保護區，它是目前臺灣最完整的高位珊瑚礁，由隆起的珊瑚礁岩組成，也就是詩中所說「黑珊瑚的岩岸」。這些隆起裸露的珊瑚礁，怪石嶙峋，崎嶇不平，活像蚪龍盤繞迴旋，所以被命名為「龍坑」。

龍坑的珊瑚礁有崩崖、臺地、峽谷三種地形，其中以「崩崖」最有名，是少見的珊瑚礁景觀。珊瑚礁是一種石灰岩，墾丁的珊瑚礁下面則有一層泥岩，泥岩不很透水。當雨水從岩縫下滲，遇到不透水的泥岩，就聚在石灰岩與泥岩之間。時日一久，石灰岩底部就被水溶蝕。底部一被蝕空，上面的石灰岩就分裂、滑動，形成與懸崖平行的裂溝。其後，裂溝的分裂面持續加大，而成陡直的「崖面」。如果有石灰岩層向下滑落，就形成高低不同的階梯狀。當靠近海岸的岩層，無法再向下滑動，地層又不斷被抬升，則岩層便向前崩落而成崩崖。

「那麼長」的水平線「劈臉鞭過來」，「那麼長」，驚歎之情溢於言表。滿滿的潮水「輪番搗打」崩崖的崖岸，白花花的飛沫與漩渦的囂音，震動龍坑「龍骨盤錯著蛟筋」的層層鱗岩。就在這時，龍角尖尖的稜角處，一道鋒芒「唐突著」曉色：

> 不再讓天色猶豫
> 側影崢嶸的虬頭角上
> 血色飽滿的一丸紅珠
> 已噴吐而出……
> ……
> 看他堂堂飛騰的姿態
> 那不可壓抑的氣派向上
> 那宇宙年輪的赫赫紅心
> 為每一場破曉的典禮蓋印
> 那金光憾人的神射手
> ——正是我們和哈雷
> 和一切舉向火霞的眼睛
> 共同崇拜的父親形象
> （〈墾丁的一夜〉《夢與地理》）

一丸「血色飽滿」的紅珠，在「虬頭角上」「噴吐而出」，他英姿「堂堂」地向

上飛騰，帶著一股不可抑制的氣派，為這場每天只有一次的破曉典禮認可「蓋印」——紅紅的一丸紅日。他是宇宙的「紅心」，是「金光儡人的神射手」，是人類「共同崇拜的父親形象」，這種強而有力的巨人形象，直是太陽神（Sun-god）阿波羅的寫照。

（四）南灣與西子灣的落日

臺灣西岸的落日極具特色，渾圓一丸大大的鴨蛋黃，紅通通地貼在天際，與下面熙來攘往、鬧哄哄的紅塵，形成強烈的對比。

余光中寫落日，不在高雄市區，而是在西子灣、在墾丁南灣。那也是一個典禮——一場轟轟烈烈的海葬典禮。在南灣，詩人寫儀式即將開始，一切準備就緒的情景：

> 所有的紅拂草都守望在水邊
> 朝一個方向揮動著風旗
> 所有的波浪都奔向天際
> 閃著銀盔，翻著銀蹄
> 壯闊的水平線上去列隊
> 只等太陽一就位
> 就開始霞火燒天的典禮
> （〈墾丁十九首〉之〈南灣之晴〉《夢與地理》）

紅拂草又名「孟仁草」，是臺灣低海拔地區的空曠地及近海地區常見的植物。其外形像拂塵，又像倒立的拖把，當風吹起，一大片的紅拂草迎風擺動，場面極為壯觀，所以詩人說它揮動風旗，指揮「閃著銀盔，翻著銀蹄」的波浪，到「壯闊的水平線上去列隊」。等紅日一就位，「霞火燒天」的海葬儀式就正式開始。

> 看落日在海葬之前
> 用滿天壯麗的霞光
> 像男高音為歌劇收場
> 向我們這世界說再見
> （〈蒼茫時刻〉《高樓對海》）

這場海葬儀式，是用滿天的霞光為紅日送葬，那燒天的「壯麗」場面，就像歌劇收場的男高音，高亢而壯烈。〔註21〕霞火有多迅猛、熾烈，看看貨櫃船就知

〔註21〕余光中慣以「男高音」形容太陽，如「叫醒太陽／叫醒男高音的太陽／叫醒滿天的金光與霞火」（〈叫醒太陽〉《夢與地理》）

道：

> 幾隻貨櫃船出港去追趕落日
> 在快要追上的一刻
> ——甲板都幾乎起火了
> 卻讓那大火球水遁而去
> （〈西子灣的黃昏〉《五行無阻》）

十萬火急的貨櫃船沒能追上落日，卻遭火球燻灼得要燒起來，這是多麼猛烈的火勢，也只有太陽擔得起這樣的熱度。

於是就像一切的故事一樣，這一天的「太陽」下葬了，「一天」結束了。「無論星光怎樣地猜疑」、「濤聲怎樣地惋惜」，落日是永遠回不了魂了。只有多情的長堤「不甘放棄」，仍等著：

> 仍擎著一盞小燈塔，終夜
> 向遠方伸出長臂
> （〈西子灣的黃昏〉《五行無阻》）

然而即使防波堤伸得再長，也叫不住、挽留不了。詩人以星光、濤聲及防波堤取象，那股依依難捨之情與星光閃爍的「猜疑」眼神、濤聲拍岸的「惋惜」聲，在詩結束後，仍不絕如縷地在讀者心中，伸著那隻手臂……。

二、溪河

臺灣地形呈南北走向，東西窄而南北長。中間有中央山脈、玉山山脈、雪山山脈等高山蟠踞，這些高山是臺灣河川的發源地，也是臺灣河川的分水嶺。

（一）拉庫拉庫溪

孕育自高山，最終匯入大海，臺灣溪流的身世就藏在高高的深山中，而深山的秘密也因此叫溪水給「洩」漏出去了。余光中把中央山脈的高山與溪流，視為童年與故鄉的關係，於是他這樣說拉庫拉庫溪的故事：

> 深山的祕密只有流水知道
> 也只有流水會洩漏
> 流水的身世只有深山記得
> 從涓滴冷冷到急湍滔滔
> 只有沿途的峻峭清楚
> 只有終古無語的岩石

才會縱容無拘的澗水

一路唱著起伏的牧歌

應大海的號召跳躍而去

（〈玉山七頌〉之六〈拉庫拉庫溪〉《高樓對海》）

拉庫拉庫溪源自中央山脈的米亞桑溪，和拖馬斯溪合流後始稱拉庫拉庫溪。它是秀姑巒溪最大的支流，到花蓮縣玉里鎮安通附近，才匯入秀姑巒溪，最後向東流入太平洋。

「拉庫拉庫」或譯為「樂庫樂庫」，為布農語「Luk-Luk」之音譯。其字義或說是溪邊多無患子樹，或說是溪流沖擊水石之聲，更有說是其石質軟，易受水切割而得名。今則通稱為「樂樂溪」。「樂樂」是臺語「濁濁」的諧音，以其下游之清水溪太過混濁，故而被稱為「濁濁溪」（樂樂溪）。

河身短、坡度陡、水流急、含沙量大，是臺灣河川的主要特點。臺灣高山與平地的地勢，高低懸殊，以致河川從源頭的高山，不管是向東流入太平洋或向西注入臺灣海峽，河流本身都是短促的。這樣的溪河蓄水不易，容易暴漲暴跌。加上對沿岸的侵蝕與沖刷，一路積累所夾帶的沙石，導致下游河床容易淤積堵塞。一遇豪雨即成暴洪，乾季則枯涸乾竭，水量的豐枯，旱澇懸殊。

詩人說拉庫拉庫溪「應大海的號召」，離開了故鄉，從此一去不回。這浪子沿路夾帶沙石，「濁濁」的下游，是可以想見的。「在山泉水清，出山泉水濁」，山中眾長老都知道這個道理：

拉庫拉庫溪，永不回頭的浪子

只有中央山脈的眾老

在天際圍坐講古，才能夠追述

上游你清澈的童年

（〈玉山七頌〉之六〈拉庫拉庫溪〉《高樓對海》）

每一個峰頭都是一位智者、一個長老，拉庫拉庫溪走了，中央山脈的長老們可不會忘了他：「拉庫拉庫溪那孩子，以前……」，山中眾長老娓娓說著，拉庫拉庫溪「清澈的童年」，一如神話傳說那樣……。

（二）保力溪砂嘴

以神話傳說或童話故事般的情境寫景，是高雄時期余詩常見的手法。除了〈拉庫拉庫溪〉外，〈保力溪砂嘴〉（〈墾丁十九首〉之十一，收在《夢與地理》），則是說情人約會，卻橫遭阻攔的故事。

　　話說清清淡水與鹹鹹海水，有一天，約在海峽相會。想想看：清清淡淡的
溪水，配上「鹹鹹的」海水，多麼「match」：

　　　　八瑤山下清清的淡水
　　　　左轉右迴，一路下坡
　　　　哼著一首無愁的牧歌
　　　　來赴海峽鹹鹹的約會
　　　　已經望見那一片水藍
　　　　聽見海潮一陣陣在呼喊
　　　　卻被砂洲的手臂攔住
　　　　說冬天到了，不准出海去

「清清的淡水」哼著牧歌，左彎右拐地去赴海水「鹹鹹的約會」。藍藍的海水
已遠遠地見到她了，正鼓動陣陣的海潮「在呼喊」著淡水。沒想到砂洲的手臂
一伸，橫生枝節地攔住了去路，理由是「冬天到了，不准出海去」。

　　保力溪在屏東縣西南部，其上游為大石溪，發源於海拔 592 公尺的四林格
山，與另一支流竹社溪合流後，始稱「保力溪」，其後注入臺灣海峽。冬天是
乾季，保力溪河口，溪水流量少，又受東北季風影響，風浪帶來沿岸的漂沙，
砂嘴因此延伸而成為砂堤。情況嚴重時，砂堤更會封閉河口而使保力溪成為
「沒口溪」。直到夏季，滂沱的雨水再度使溪水暴漲，沖開河口，又成為砂嘴。
因此：

　　　　等吧，擱淺的小木船
　　　　等夏天把河谷灌得肥滿
　　　　上游的雨水奔瀉而來
　　　　把冬之禁令一下子衝開
　　　　唱一首自由之歌，把你們
　　　　一一，吐給大海

苦心「等」待常是堅貞愛情必經的過程。只要耐心等待，等到明年夏天，「上
游的雨水奔瀉而來」，河谷被「灌得肥滿」，「把冬之禁令一下子衝開」。苦苦等
候的淡水，就這樣，一一「吐給大海」，有情人終成眷屬。「灌得肥滿」令人聯
想溪水猛漲，好似香腸被灌得肥鼓鼓的，鼓漲溪水奔瀉之速，因這種擬化為物
的手法，使詩的意象生動而鮮明。

（三）山溪與澗石

除了對臺灣溪河的歌詠外，余光中對溪流與溪中澗石及兩岸岩石，也描寫得深情有致：

> 若是流水不在此路過
>
> 這滿澗的磐石
>
> 就未免太寂寞了
>
> 若是磐石不沿岸挽留
>
> 這滿澗的流水
>
> 就未免太冷靜了
>
> （〈鏡中天地——題我存攝影十題〉之〈水與石〉《安石榴》）

溪石因流水而不寂寞，流水因溪石挽留而顯得依依難捨，水與石彼此慰藉、相互依存，他們就是這樣的關係。可是一個要「奔向遠海」，一個要「守住深山」，最終仍是得分離。能否各讓一步，兩全其美呢？沒有。你看，他們爭吵得多厲害：

> 要知道水和石的對話
>
> 有多麼地激動
>
> 只要看這一路浪花
>
> （〈鏡中天地——題我存攝影十題〉之〈水與石〉《安石榴》）

浪花就是水與石激撞的結果，一路浪花激濺，可見雙方的衝突是多麼激烈了。

（四）立霧溪：大理石岩的切割手

水與石的衝突，不只從撞擊的浪花看出端倪，還可以從岩石的皺摺紋路一窺究竟——尤其是太魯閣的大理岩紋。太魯閣國家公園，橫跨花蓮、南投、臺中三縣市，為臺灣第二大國家公園，它以幾近垂直的大理岩峽谷聞名。

源自中央山脈的立霧溪（在花蓮縣境內），經年累月地切割堅硬的大理石河床，歷經千萬年，將之切割成造形獨特、落差有一千多公尺的峽谷景觀，這就是著名的太魯閣峽谷。

太魯閣峽谷主要由大理岩構成，岩體完整，河谷是橫谷，河川下切形成的陡崖，可長期聳立，極其壯觀。循著太魯閣峽谷而行，沿途盡是壁立千仞的峭壁、峽谷、斷崖、曲洞、岩層與溪流，山高谷深，景色雄偉壯麗，極造化鬼斧神工之能事。劉國松〈吹皺的山光〉，余光中認為畫的就是太魯閣的大理石紋理：

　　這個石頭的紋路是臺灣東部太魯閣，很美的風景，太魯閣的深谷裏
　　面的石頭，被水沖成非常微妙的皴法，一種線條，所以我配這樣子
　　的詩。〔註22〕

詩一開始，就緊扣大理石「皴」皴的「紋」路去說開：

　　石而無紋
　　怎麼記風霜的日記？
　　山而不皴
　　怎麼刻絕壁的額頭？

　　（〈畫中有詩——題劉國松畫六首〉之〈吹皴的山光〉《藕神》）

太魯閣大理石的色澤，從深灰到純白，有多種不同的紋理，也有各式各樣不同
的皴褶圖樣，詩人將石頭的紋理轉化為「人」，說它們都是受風經霜的記錄，
所以是「日記」，是「額紋」，一經這樣轉化，大理石就如飽經風霜的長者，充
滿人性。它是立霧溪順「性之所至」，「隨緣」所發明的獨有皴法：

　　日磨，月磋
　　細膩中別有韻味
　　一頁頁神祕的地質史
　　最美的天書何須文字？

　　（〈畫中有詩——題劉國松畫六首〉之〈吹皴的山光〉《藕神》）

詩人說這些皴紋，是非文字記載的最美「天書」、「神祕的地質史」，它記錄地
球某一時期的地質。哪個時期？是大禹的時代？

　　莫問大禹有沒有來過
　　早已被歲月點穴
　　天機如此深沉
　　怎肯一語道破？

　　（〈畫中有詩——題劉國松畫六首〉之〈吹皴的山光〉《藕神》）

立霧溪歷千萬年的侵蝕，切山成谷，確切的時間沒有人知道。詩人於是說它是
在遠古的某一個時間「點」被歲月給點了穴，從此不能言語，問其年代是白問
的。那深沉的天機，也就不可知曉了，這想像可謂出奇而巧妙。

〔註22〕曹凌雲主編，〈藝術經驗的轉化——靈感的來源〉《雁山甌水——余光中溫州
　　　　行》。（北京：中國戲劇出版社，2011），頁72。

第三節　南部縣市剪影

　　余光中單寫臺灣某一縣市的詩不多，僅臺南、臺東、屏東與高雄港四地而已。

一、屏東縣

　　屏東縣在臺灣西南端，為臺灣最南端的縣，地勢由東北向西南緩斜：西與高雄隔高屏溪為鄰，東以中央山脈與臺東為界，巍峨的大武山聳立其中；〔註23〕其餘則三面環海：西臨臺灣海峽，南臨巴士海峽，東則是浩瀚的太平洋。境內排灣族、魯凱族等原住民族佔人口的三分之一，其餘三分之一是閩南人，三分之一客家人，文化呈多元面貌。墾丁國家公園就在境內。產業偏重在農、漁業，黑珍珠蓮霧及黑鮪魚是其最具代表性的特產。

　　1972 年 1 月 3 日，余光中在墾丁寫了〈車過枋寮〉（收在《白玉苦瓜》），就其眼前所見的屏東風物，輕輕地哼起一首屏東民歌：

> 雨落在屏東的甘蔗田裏
> 甜甜的甘蔗甜甜的雨
> 肥肥的甘蔗肥肥的田
> 雨落在屏東肥肥的田裏
> 從此地到山麓
> 一大幅平原舉起
> 多少甘蔗，多少甘美的希冀
> 長途車駛過青青的平原
> 檢閱牧神青青的儀隊
> 想牧神，多毛又多鬚
> 在哪一株甘蔗下午睡

屏東的精華區在屏東平原，面積僅次於嘉南平原，開發也僅比臺南、高雄遲些，算是臺灣開發較早的地區。由於地屬熱帶氣候，夏季濕潤多雨，整年都很溫暖，是臺灣重要的農產區。盛產稻米、甘蔗、香蕉、西瓜、木瓜、蓮霧等。詩用「雨落在屏東的……田裏」、「甜甜的……甜甜的……」、「肥肥的……肥肥的……」，構成這首詩的基調，分佈在每一節詩的前面，迴環往復在詩中，於是民歌的節奏，就悠悠蕩蕩地在詩中迴盪了起來。

〔註23〕大武山山脈是中央山脈南段的高山，其主峰北大武山，海拔 3092 公尺。

　　屏東大武山脈與平原的交界是直線狀的潮州斷層，斷層崖從高雄六龜，一路延伸至屏東枋寮海岸。從山中流下來的大小溪流，在斷層崖下沖積成沖積扇，經過整治，原本荒蕪的河灘變成了肥沃的農田。〔註24〕所以詩人說，從此地（指枋寮）到（大武山）山麓，「一大幅」的青青平原，「舉起／多少甘蔗，多少甘美的希冀」。一枝枝「多毛又多鬚」的甘蔗，就像牧神的儀隊，車過枋寮，有如在檢閱牧神的儀隊，只是看不到牧神，不知是躲到哪根「多毛又多鬚」的甘蔗下，午睡去了。甘蔗「多毛又多鬚」的青綠，配上慵懶的牧神，平原豐稔的形象，就鮮活了起來。

> 雨落在屏東的西瓜田裏
> 甜甜的西瓜甜甜的雨
> 肥肥的西瓜肥肥的田
> 雨落在屏東肥肥的田裏
> 從此地到海岸
> 一大張河牀孵出
> 多少西瓜，多少圓渾的希望
> 長途車駛過纍纍的河牀
> 檢閱牧神纍纍的寶庫
> 想牧神，多血又多子
> 究竟坐在哪一隻瓜上

西瓜根部纖弱，耐乾不耐濕，宜種植在排水良好、土層深厚的鬆軟土壤。海岸附近的沙丘地、河川兩岸的沙地、河床之沙洲，均適宜栽植西瓜，屏東也因此盛產西瓜。一張張河牀，「孵出／多少西瓜，多少圓渾的希望」，一個個「多血又多子」的大紅西瓜，就像牧神「纍纍」的藏寶庫。車過枋寮，有如在檢閱牧神的藏寶庫，只是還是看不到牧神，不知道他是坐到哪個，「多血又多子」的西瓜上，去大啖西瓜了。牧神大啖「多血又多子」西瓜的意象，使平原渾厚、飽滿的形象，也跟著生動許多。

> 雨落在屏東的香蕉田裏
> 甜甜的香蕉甜甜的雨
> 肥肥的香蕉肥肥的田

〔註24〕參見文建會《臺灣大百科全書》2012.7.15。網址：http://taiwanpedia.culture.tw/web/content?ID=1441。

雨落在屏東肥肥的田裏

雨是一首淫淫的牧歌

路是一把瘦瘦的牧笛

吹十里五里的阡阡陌陌

雨落在屏東的香蕉田裏

胖胖的香蕉肥肥的雨

長途車駛不出牧神的轄區

路是一把長長的牧笛

正說屏東是最甜的縣

屏東是方糖砌成的城

忽然一個右轉，最鹹最鹹

劈面撲過來

那海

臺灣是香蕉王國，香蕉產期全年都有。屏東香蕉的主要產期在十二月到翌年的四月，這時期的香蕉由於雨水少，果肉特別香甜，不但有傳統的香蕉味，又有Q中帶勁的口感，極獲消費者的青睞。

　　詩人坐在「長途車」上，沿途看到的是青青的甘蔗田、纍纍的西瓜河牀以及此處肥肥甜甜的香蕉園。一路豐盛的農產，全像牧神駐紮其中，否則安有如此富麗的景象！這豐饒的場景一路迤邐延伸，彷彿永遠「駛不出牧神的轄區」。那條「瘦瘦」、「長長」的公路，就像是牧神的牧笛，吹著「一首淫淫的牧歌」，把「十里五里的阡阡陌陌」，吹得濕暖豐足。這一條「瘦瘦」、「長長」的公路，正像在跟詩人說屏東是臺灣「最甜的縣」。用「肥肥的」雨，滋潤「肥肥的」田，生長出這樣「甜甜的」甘蔗、「甜甜的」西瓜、「甜甜的」香蕉……，「屏東是方糖砌成的城」。這樣的屏東，會不會太甜膩了呢？往右一轉，「劈面」就「撲過來」「最鹹最鹹」的海——臺灣海峽，有海的調和，屏東是甜而不膩的。

　　詩人既說屏東是臺灣最甜的縣，又設想周到地用海的鹹去調和它，這樣把三面環海的屏東地形，也「轉」了出來。讀者由此，可以再聯想其海產漁獲之豐，則屏東之富饒，也就意在言外、餘味無窮了。詩人高明的詩藝，於此也得到驗證。

二、臺東縣

　　臺東地處臺灣東南隅，開發較遲，常被視為偏遠地區，但也因此保有較好的自然環境，余光中說他在臺東，跟在花蓮一樣地自由自在，因此寫了此詩鼓勵臺東人。詩人特意拿它和臺北與開發較早的西岸相比：

　　　城比台北是矮一點

　　　天比台北卻高得多

　　　燈比台北是淡一點

　　　星比台北卻亮得多

　　　街比台北是短一點

　　　風比台北卻長得多

　　　飛機過境是少一點

　　　老鷹盤空卻多得多

　　　人比西岸是稀一點

　　　山比西岸卻密得多

　　　港比西岸是小一點

　　　海比西岸卻大得多

　　　報紙送到是晚一點

　　　太陽起來卻早得多

　　　無論地球怎麼轉

　　　台東永遠在前面

　　　（〈臺東〉《藕神》）

臺東縣東臨太平洋，包括綠島、蘭嶼兩個離島，西以中央山脈與高雄縣、屏東縣為界，是花東縱谷的一部分。花東縱谷是歐亞大陸板塊與菲律賓海板塊的撞合處，是東為海岸山脈，西為中央山脈間的狹長谷地。山高水急，多峽谷、瀑布、曲流、河階、斷層、惡地，〔註25〕自然景觀既豐富又特殊。

　　詩人拿一連串的事物，先把臺東和臺北比一比：論高矮，臺北城高，臺東天高；比明暗，臺北燈亮，臺東星亮；較長短，臺北街長，臺東風長；說天空，臺北飛機過境多，臺東「老鷹盤空」多。

〔註25〕地表多蝕溝及雨溝，植物生長貧乏的崎嶇地形就稱為「惡地」，也稱「惡地形」。

　　接著，又拿臺東和臺灣西岸的城市相比：論疏密，西岸人多，臺東山多；比大小，西岸港大，臺東海闊。臺東的海岸屬斷層海岸，高山與深海相臨，海岸如懸崖十分陡峭，沿岸平原狹窄，海水又深，缺乏可避風浪的港灣，船隻停泊困難，不適合做港口；說早晚，西岸報紙早到，臺東太陽早起。

　　比來比去，最後就像小孩子的爭論一樣，抬出壓箱法寶：無論你怎麼說，反正我都贏你一點點。所以詩人說：「無論地球怎麼轉／臺東永遠在前面」。「臺東永遠在前面」可從兩個層面看：其一，指臺東的自然山水之美，名列臺灣前茅；其二，每年元旦臺灣平地的第一道曙光，據氣象局預測，離島出現在蘭嶼，而臺灣本島則以臺東成功的「三仙臺」（有時候會在太麻里）及屏東的「龍磐公園」最早，這或許就是詩人最後這兩句的根據。

　　這樣的比較充滿童趣，可說是輕鬆的趣比。此詩通篇在「Ａ比臺北（或西岸）是……一點／Ｂ比臺北（或西岸）卻……得多」的句式下進行比較。句式不長，比得乾脆俐落。雙方各擅勝場，互有輸贏，可是臺東在詩人刻意先抑「一點」，後揚「得多」的文勢下，總讓讀者感覺臺東就是贏那麼「一點」，這是詩人「刻意操作」的結果。

　　臺東贏在天高、星亮、風勁、鷹揚、山多、海長以及有全臺第一道曙光，則臺東永遠在臺灣前面的自然美景，就自自然然地呈現出來了：那種山高水長，風勁鷹揚，天闊星亮的天然美景，就是詩人認為臺東最迷人的地方。臺東人極愛這首詩，據詩人說連臺東縣東河鄉，卑南族人心目中的聖山——都蘭山，也都刻有此詩。〔註26〕

　　此詩簡淨恬淡，「臒而實腴」，晚年余筆的「簡」「淡」，確實已入陶淵明之勝境。

三、高雄港

　　高雄港舊稱打狗港，位於臺灣西南海岸，處臺灣海峽與巴士海峽之要衝，是臺灣最大的國際港。臺灣西部海岸多屬沙岸，常有沙洲與潟湖。單調平直的海岸，海水較淺，不利漁航；然而潟湖內則風平浪靜，適合船隻停靠。高雄港原為長約十一公里，寬約二百公尺的潟湖，〔註27〕臨海有狹長的沙洲旗津半

〔註26〕此詩又經臺東大學製作為一面詩牆，擺在大學校門的入口處，於 2009 年 5 月
　　　　5 日請余光中前來揭幕，其受臺東人之重視可見一斑。
〔註27〕「潟湖」是沙洲與內陸間的海域，它與外海相通，仍受潮流的影響，但與外海
　　　　比，則相對的穩定許多，臺灣西南部的居民稱之為「內海仔」。

島，像巨龍蟠臥於港外，如同一道天然的防波堤，阻隔臺灣海峽的風浪——防
波堤內風平浪靜，堤外則浪急風高：

> 更外面，海峽的浩蕩與天相磨
>
> 水世界的體魄微微隆起
>
> 更遠的舷影，幻白貼著濛濛青
>
> 已經看不出任何細節了
>
> 隱隱是艨艟的巨舶兩三
>
> （〈高雄港上〉《高樓對海》）

臺灣海峽浩浩蕩蕩，無邊無際。放眼望去，「微微隆起」的海平面被詩人喻為
「水世界的體魄」，均勻地上下起伏，不停地與遠空耳鬢廝磨。只看見在天「濛
濛青」的背景下，貼著「幻白」的舷影，詩人猜那應是兩、三艘艨艟巨艦吧。

高雄港經歷代的修築闢建，已成為優良的天然港，靜臥在高雄市的西南
方。其貨櫃裝卸量曾為全球前三名，近年呈衰退現象。臺灣政府致力將高雄港
經營為亞太營運的海運轉運中心，目前港方正積極提高服務品質、加強作業效
率，提升高雄港的競爭力。[註28]

寫高雄港，余光中寫汽笛，寫貨輪，寫港景，對港的功能與業務，著墨不
多，只用粗略的幾筆勾勒：

> 向那片蠱藍巫藍又酷藍，無極無終
>
> 伸出你長堤的雙臂
>
> 一手舉一座燈塔
>
> 向不安的外海接來
>
> 各色旗號各式名目的遠船
>
> 吞吐累累貨櫃的肚量
>
> （〈高雄港上〉《高樓對海》）

因為高雄港是商港，有「吞吐累累貨櫃的肚量」，[註29] 所以在高雄港進出的
船隻最多的是貨櫃輪，也有執行巡洋任務的巡洋艦「炮影森嚴」地巡航著。此

[註28] 根據《國際貨櫃化雜誌》（Containerisation International）統計，1999 年，高雄
港為全世界第三大港。然而 2010 年，世界前 10 大港為新加坡、上海、香港、
深圳、釜山、杜拜、寧波舟山、廣州、鹿特丹及青島，第 11 名為漢堡，高雄
港排名第 12。

[註29] 臺灣因為原物料少，其中石油、煤礦為臺灣需進口的大宗能源礦。進口的原物
料大都從高雄港進出，港中貨櫃的大區塊有貨櫃區、油槽區及置煤區。

外，還有散裝船（Bulk Carrier）、化學船（Chemical tanker）、天然氣專用船（LNG tanker）等等，臺灣大宗的物資大多在此進出。余光中形容防波堤如伸展長臂，手執燈塔，迎接這些來自「不安」外海、「只求躲避外面的風波」的巨舶，算是提綱挈領地交代高雄港的功能。〔註30〕

（一）高雄港的汽笛聲

　　高雄港最先引起余光中注意的是汽笛聲，那是他回臺定居的第二年。汽笛聲繞過燈塔，沿著防波堤，越過陰寒的海氣，傳進他的耳膜裡。他形容那音調像是因負重而被壓得低啞，顯得沉重而悲痛。一隻隻桅檣、一條條纜索與錨鍊以及一顆顆被挑亂的「星」——「星」雙關「心」——就隨著汽笛聲，在一片如橫隔膜的海面上，頻頻震起來又盪下去。來來往往的貨櫃船——或進港或出港——就在那片橫隔膜上，上下簸盪。

　　汽笛沉痛的音調余光中又喻為「渾厚的男低音」，那種渾實厚重想當然是來自極駭人的肺活量，不難想像其噸位之重。可是十年後，余光中卻是這樣描寫這音量：

> 一聲氣笛，你聽，她肺腑的音量
>
> 便撼動滿埠滿塢的耳鼓
>
> 一路掠水而來，直到我陽台
>
> 那一列以海景為背景的盆景
>
> 都為之共震，……
>
> （〈高雄港上〉《高樓對海》）

「男」低音變成了「她」肺腑的音量，性別不同了。它不只「撼動滿埠滿塢的耳鼓」，還「一路掠水而來」，震撼詩人的陽臺，陽臺上綠深紅淺的海棠，也與之「共震」共舞。

（二）高雄港的船舶

　　1986年，余光中甫回國，對高雄港貨輪等巨舶的描寫，只有省簡的兩筆：

> 鐵灰的舷影峭起如絕壁
>
> 下面追隨著匍行的小艇
>
> （〈高雄港的汽笛〉《夢與地理》）

只說船身高聳如峭壁，其他船隻只如小艇般在旁匍匐地蠕蠕而行。十年後

〔註30〕余光中，〈高雄港的汽笛〉《夢與地理》。

（1996年），詩人再次描寫貨櫃船入港的偉姿，則是精雕細琢：在歷經七海的顛簸浮沉後，她穩重地「踏波而來」——儼然、岸然：

> 船首孤高，傲魁著懸崖
> 後面矗一排起重機架
> 樓艙白晃的城堡，戴著煙突
> 駛過堤口時反襯的燈塔
> 纖秀而小，像一對燭台
> 一艘警艇偎在她舷下
> 若雞雛依依跟隨著母雞
> ……
> 修頎的舷影峨峨嵯嵯
> 像整排街屋在水面滑過
> （〈高雄港上〉《高樓對海》）

翹首舉頷，孤傲得如懸崖絕壁一般，頎長的船舷像一整排街屋滑過水面，其旁領航的警艇則只如偎隨的雞雛，堤口兩側的燈塔如一對燭台，兩相對襯，讀者可以想見貨櫃輪之碩大無朋的模樣。

　　這樣實寫港中巨舶，只盡其「態」，尚未足以盡其「神」。於是詩人再加入虛寫，想像其孤獨遠航在「水藍的荒漠」上的情景，以加強其「偉」樣：在那片「蠱藍巫藍又酷藍，無極無終」的荒漠裡，充滿著不安：

> 越不盡水藍的荒漠啊，東經又西經
> 低緯之後又高緯，穿過暗礁，冰山，險峽，
> 流放到燈塔，水禽，與人魚的神話之外
> 去赴暴風雨之約，看天與海
> 為一條灰濛濛的水平線
> 鬧翻了臉，在叛雲與逆浪之間
> 一場接一場捲進了決戰
> （〈高雄港的汽笛〉《夢與地理》）

這是趟孤獨的遠征，它遠行在不管東經或西經、低緯或高緯之「水藍的荒漠」，像被流放到燈塔、水禽與人魚的神話之外。若撞上惡劣的天氣，就像是去赴一場暴風雨的約會。天與海彷彿是為了爭那條不明顯的水平線，雙方撕破了臉，黑雲與巨浪纏鬥不休，雙方展開一場又一場的決戰，沒完沒了。詩末說「孤獨

的靈魂該慣於遠征」的，這「孤傲的靈魂」是港中停泊的遠征巨舶，也彷彿就是余光中自己，進港安全，出去冒險，進或出，顯然也正困擾著詩人。

（三）高雄港景

1. 雨夜的高雄港

1988 年秋分前夕，雨夜的高雄港讓詩人為之驚豔。倒映在水面的燈火，每一盞光影都像是「牽著恍惚的倒影」，詩人擬如物般地說它被雨淋「濕了」：

> 有的浮金，有的流銀
>
> 有的空對著水鏡
>
> 牽著恍惚的倒影
>
> （〈雨，落在高雄港上〉《安石榴》）

水面的光影，有的是浮光躍金，有的如白銀流淌。冷涼的雨絲不但帶來秋意，又像催眠曲般地安慰「幾乎中暑的高雄」。高雄就這樣被雨絲「輕輕地拍打」、慢慢地搖著哄著進入「清涼的夢鄉」。港中所有的錨鍊、桅杆、起重機、貨櫃船、堤防，甚至波浪，港外的旗津和小港、壽山和柴山以及所有的街巷，彷彿都沉入夢鄉。只剩「半港的燈光」還醒著，在近岸密密簇擁著；另一頭的遠船也只一二燈火零星地點綴著。這是深夜的高雄「雨」港，是用金銀渲染而成的。它靜靜地浮在水面上，挺立在雨中，詩人說那是：

> 一池燦燦的睡蓮
>
> 深夜開在我牀邊
>
> （〈雨，落在高雄港上〉《安石榴》）

雨夜的高雄港像一池睡蓮，開在詩人牀邊，陪伴著詩人入夢。

2. 星夜的高雄港

1995 年 6 月，為觀木星衝，余光中這樣形容星夜的高雄港：

> 初夏的天空悠悠地轉著
>
> 　再仰也難盡
>
> 一隻雕花的藍水晶瓶
>
> 透明的天壁上，晴雲細紗
>
> 轉成一幅會飛的壁畫
>
> 小小的港城就偎在瓶底
>
> 桅檣和起重機，燈塔和防波堤

> 都跟著季節一起轉動
>
> 轉出一陣又一陣海風
>
> 吹起一疊又一疊層浪
>
> (〈木星衝〉《高樓對海》)

高雄港的星空，是「一隻雕花的藍水晶瓶」，星光就是水晶瓶上的雕花。透明的藍色瓶壁上，偶而飄來細如薄紗的雲朵，星空就隨著雲朵的移動，悠悠地轉變成「一幅會飛的壁畫」。這麼精緻的水晶壁畫，即使把頭仰得再高，也無法一次瞧盡。而整個高雄港城就依「偎」在這藍水晶瓶的瓶底。用「偎」字，高雄港城顯得既細小又柔馴——陣陣的海風、層層的疊浪以及「桅檣和起重機，燈塔和防波堤」，就這麼柔順地「跟著季節一起轉動」，「偎」字下得可謂傳神，這是初夏高雄港星夜的天空。

四、臺南市

余光中寫臺南，有〈臺南的母親〉一首（收在《安石榴》）。其在詩後附註云：「此詩乃應臺南人士所請，為母親節而寫。」詩雖是應節日而寫，卻能從中看出詩人眼中的臺南——一個歷史悠久的文化古都。

臺南與臺灣歷史息息相關，遺留下來的古蹟極多，如：赤崁樓、五妃廟、億載金城、安平古堡、臺南孔廟⋯⋯等等。余光中特取三處古蹟——大神榕、安平港、億載金城——比之為「臺南的母親」，共同守護這座歷史古城：

> 臺南的母親
>
> 是一樹長青的大神榕
>
> 深根抱著臺南的土地
>
> 密葉舉著臺南的天空
>
> 我願做一隻小鳥
>
> 睡在她的樹蔭中

十二佃的大神榕位於臺南市安南區，[註31]百年前當地武聖廟建醮時，村民種了一棵象徵鎮水之患的榕樹苗，其後榕樹不斷地繁衍，至今面積廣達兩、三千坪。其特色是數棵榕樹環抱一處，枝椏交錯，盤根錯節，活像座榕樹森林，是

〔註31〕大神榕所在地為臺南市安南區公學路四段 43 弄附近，因介於臺南市與曾文溪之間，故常有水患。十二佃為一村落，以有程、高、毛、許、吳、陳等六姓十二人（一說十二姓），由臺南將軍鄉一起移民至臺南市郊的曾文溪畔，十二人一起移墾故而得名。

一樹成林的活例。榕樹受當地民眾敬仰，故名神榕。每逢初一、十五，居民帶著羸弱的小孩前來，求榕樹公保佑孩子身強體壯，遠離疾病，因此香火鼎盛。余光中稱讚神榕的深根牢牢地抓著土地，蔽空的濃蔭，鳥棲其中，一如母親福蔭著臺南的子民。

> 臺南的母親
> 是一彎寧靜的安平港
> 手臂伸出防波的長堤
> 眼睛放出燈塔的亮光
> 我願做一隻小船
> 泊在她的水波上

安平港距高雄港約 50 公里，為昔日進入臺南府的門戶，也是當時臺灣第一大港，其後因漂沙淤積而沒落。1974 年政府擇安平港南方的「鯤鯓湖」另建新港，於 1979 年完工，如今安平新港已成為高雄港之重要輔助港，其貨物裝卸量正持續成長中。〔註32〕余光中稱安平港寧靜安詳的燈塔照亮回家的路，其防波堤舉臂環抱，擁船隻入港，停泊其中如臥慈母懷裡。

> 臺南的母親
> 是一座億載的古金城
> 城頭刻著悠久的歷史
> 城內笑著年輕的春天
> 我願做一個衛士
> 守在她的城門邊
> （〈臺南的母親〉《安石榴》）

億載金城又名「二鯤身礮臺」，〔註33〕此礮城在 1876 年完成。清朝建此礮臺，乃為防禦日軍犯臺而設，是臺灣第一座西式礮臺。城呈四方形，為西式紅磚建

〔註32〕 2003 年中央復推動「安平港歷史風貌園區計畫」，2010 年完成相關建設：古堡暨洋行園區景觀改善、歷史聚落更新維護工程、熱蘭遮城博物館、蚵灰窯文化館、安平樹屋、運河博物館、船博物館德陽艦修復暨展示工程、歷史街巷及傳統民居改善、17 世紀臺灣船（古代戎克船）復原計畫、歷史水景公園、港濱歷史公園等，重現古文化資產昔日的風貌。

〔註33〕 「鯤身」是臺灣西部居民對沙洲的稱呼，是海中漂沙堆積，高出水面所形成的沙洲島，又稱為「汕」。當時安平古堡位於一鯤身，億載金城在二鯤身。「一鯤身」、「二鯤身」，都是當時散列在台江西岸的沙洲島名，今已淤塞在一塊兒，且茂林密布，離海愈來愈遠了。

築。外題「億載金城」，內題「萬流砥柱」，皆沈葆楨手題，所以余光中說「城頭刻著悠久的歷史」。城內中央為昔日操練軍隊之場，如今則為遊客嬉遊之處，所以說「城內笑著年輕的春天」，古城頭內漾出了生機——既映著歷史的金輝，又蕩著生機，彷彿母體逢春，孕育著新生命一樣。臺南彷彿是臺灣的母親，這母體當然得守著。

這就是臺南——臺灣最大的古城，如慈母護佑子女的古蹟，而今臺南子民轉而守護著這位慈母，護衛這些古蹟。臺南的美就是這種古意盎然的古樸淳美——一種慈藹的母性美感。

用文化古蹟介紹臺南，這在余光中的臺灣詩中是唯一的一首，其他都是名勝古蹟與地方特色分開，單獨書寫的。

第四節　風景名勝古蹟

一、1970 年以前

早期的余光中寫景都是觸景言志或抒情，景物的描寫只是旁襯，言志、抒情才是詩的主要目的。這樣的山水記遊，不能算是正宗的臺灣鄉土詩，因為詩的主題在詩人自己，不在臺灣本土上。

（一）鵝鑾鼻

〈鵝鑾鼻〉（收在《天國的夜市》）一詩寫於 1953 年 12 月，詩人站在燈塔上：

> 我站在巍巍的燈塔尖頂，
> 俯視著一片藍色的蒼茫。
> 在我面前無盡地翻滾
> 整個太平洋洶湧的波浪。
> 一萬匹飄著白鬣的藍馬，
> 呼嘯著，疾奔過我的腳下，
> 這匹銜著那匹的尾巴，
> 直奔向冥冥，寞寞的天涯。
> 浩浩的天風從背後撲來，
> 將我的亂髮向前撕開；

我好像一隻待飛的巨鷹，

張翅要衝下浮晃的大海。

臺灣最南端的恆春半島，其南面有兩個凸出海域形如小半島的岬角，西為貓鼻頭，東為鵝鑾鼻，中間則是南灣。鵝鑾鼻以其地形突出如鼻，附近香蕉灣有石似「鵝鑾」〔註34〕——「鵝鑾」為排灣族語「船帆」之譯音——故稱「鵝鑾鼻」。

鵝鑾鼻燈塔初建於清光緒八年（西元 1882 年），是臺灣本島第一座西式「照海燈塔」。燈塔的建構有如砲壘，塔基為砲臺，圍牆設射擊「槍眼」，四周並建有壕溝。為防原住民侵擾，清廷派營兵守衛，是一座「武裝燈塔」。〔註35〕

今塔為日據時代所建，1962 年經國民政府重修而成。塔高 21.4 公尺，塔頂內設大型四等旋轉透鏡電燈，每十秒一閃，光力達 180 萬燭光，30 秒旋轉一周，光距 20 海浬，是臺灣光力最強的燈塔，早有「東亞之光」的美譽。日據時期，被票選為「臺灣八景」之一，旁豎「臺灣八景鵝鑾鼻碑」，現已劃為墾丁國家公園史蹟保存區。〔註36〕

此詩是余光中第一期的浪漫格律詩時期之作品，句式整齊、句尾押韻，仍存新月之餘風。句式是散文式的，脫離不了「主詞＋動詞＋受詞」的刻板句法，使得詩有似散文分行之嫌。然而形容太平洋波濤，如「一萬匹飄著白鬣的藍馬」；說塔頂天風撕髮，如巨鷹撲擊，不唯洶洶之聲盈耳，更兼有浩浩之氣勢，譬喻頗為精采，凡此都見出詩人精雕細琢之功與豐富的想像力。其後就是情志的抒發：

於是我也像崖頂的巨鷹，

俯視迷濛的八荒九垓：

向北看，北方是濃鬱的森林；

向南看，南極是灰色的雲陣，

一堆一堆沉重的暮靄

壓住浮動的海水，向西橫陳，

遮斷冬晚的落日，冬晚的星星，

〔註34〕此石名為「船帆石」，為一礁石，雄踞於海岸之外，遠望如一張船帆，故名。它是從鵝鑾鼻臺地上方，滾落到海邊的巨礫珊瑚礁石。

〔註35〕參見沈文台，《臺灣燈塔圖鑑》。（臺北：貓頭鷹出版社，2000），頁 112～115。

〔註36〕資料來源：參見墾丁國家公園管理處網站 2010.5.3，網址：http://www.ktnp.gov.tw/cht/theme.aspx?type=2&themeTourID=15

> 像一張垂死，蒼白的巨臉，
>
> 閉上了眼睛，再沒有任何表情。

寫自己如冬日暮景，身處向西橫陳的沉沉暮靄中，不見落日，不見星星，暮色終如垂死者灰白的臉龐，「閉上了眼睛」，在黑壓壓的夜色中，再也看不見它的「任何表情」了。詩中暮色之所見，其實是暗示自己的心境：如北面鬱鬱的森林，如南方「灰色的雲陣」，如西邊「沉重的暮靄」，見不到落日，望不見星光，終至夜色掩至，一無所見。這是抒發自身情境的一種蒼茫情懷，然而從詩前半部那樣驚人之風勢與海潮的鋪寫，卻落到詩尾垂死者的死灰臉龐，不只前後不能呼應，更無法首尾一致。詩人寫此詩正值青年時期，是否為賦詩強說愁，我們不敢妄測，但可確定的是，整首詩若是為慘黯心境而發，則這樣的安排在結構上是不成功的。余詩的結構，能做到前呼後應、首尾圓合，要等到 1970 年後其詩藝成熟才看得到。

（二）西螺大橋

早期臺灣西部被濁水溪分成南北兩半，日本殖民政府雖在 1908 年完成縱貫鐵路，但臺灣南北的交通，若僅靠這條鐵路或竹筏擺渡是不夠的，於是國民政府乃有興建西螺大橋之構想。

興建西螺大橋是臺灣 1950 年代的重大交通建設，當時有「遠東第一大橋」之美稱。它橫跨濁水溪，當時灼紅色的鐵製橋身，橫臥在濁水溪上，是臺灣西部縱貫線的交通樞紐，也是雲林縣西螺鎮最醒目的標誌。

〈西螺大橋〉（收在《鐘乳石》），是余光中藉物言志之作。詩的前半描寫西螺這座鋼鐵大橋的外形：

> 矗然，鋼的靈魂醒著。
>
> 嚴肅的靜鏗鏘著。
>
> 西螺平原的海風猛撼著這座
>
> 力的圖案，美的網，猛撼著這座
>
> 意志之塔的每一根神經，
>
> 猛撼著，而且絕望地嘯著。
>
> 而鐵釘的齒緊緊咬著，鐵臂的手緊緊握著
>
> 嚴肅的靜。

鋼鐵的質地，猛吹的海風，大橋充滿堅強意志與骨力的美，鐵釘是「緊緊咬著」

的，鐵臂也是「緊緊握著」的，連週遭的寧「靜」都說感覺很「嚴肅」。西螺
大橋就這麼「矗然」立在濁水溪上。

　　余光中是 1958 年 3 月 13 日寫這首詩的，這時正是他受現代主義影響，
開始把詩現代化的階段。就像抽象的現代畫一樣，詩人不是細緻地精摹景物，
而是把眼中所見的西螺大橋，予以抽象化與簡化：說西螺大橋是「鋼的靈魂」
「矗然」醒著；說西螺大橋「嚴肅的靜鏗鏘著」、是「龐大的沉默」；西螺大橋
是「意志之塔」、是「力的圖案，美的網」。詩人用許多抽象的語詞去形容大橋，
把西螺大橋抽象化為有鋼鐵般意志的象徵，是充滿力量與堅毅之美。詩之後
半，也是承前面之意，說明其生命必須轉變的心志：

> 於是，我的靈魂也醒了，我知道
>
> 既渡的我將異於
>
> 未渡的我，我知道
>
> 彼岸的我不能復原為
>
> 此岸的我。
>
> 但命運自神祕的一點伸過來
>
> 一千條歡迎的臂，我必須渡河。
>
> 面臨通向另一個世界的
>
> 走廊，我微微地顫抖。
>
> 但西螺平原的壯闊的風
>
> 迎面撲來，告我以海在彼端，
>
> 我微微地顫抖，但是我
>
> 必須渡河！
>
> 矗立著，龐大的沉默。
>
> 醒著，鋼的靈魂。

「既渡的我」異於「未渡的我」；「彼岸的我」無法復原為「此岸的我」；西螺
平原「壯闊的風」，以「海在彼端」這樣告訴我。這些都使詩人「微微地顫抖」
——卻沒有交代這些何以使他「顫抖」？而「我必須渡河」，必須「向另一個
世界」去——也沒有交代為什麼他必須「向另一個世界」去？這世界是什麼世
界？是現代詩之必須現代化，他必須放棄從前的自己，接受西方現代主義，無
法回到從前的世界？還是這時詩人已申請到赴美進修的獎學金，同年的 10 月
31 日，就必須渡洋進修去了？這些都只是讀者的猜測，詩人並沒有在詩中明

說或做了暗示。似明實晦的文意,讀者似知卻不知,讀來似懂而非懂。詩以象徵代替說明,使詩意晦澀、曖昧、難懂,這正是當時許多現代主義詩人所推崇並刻意標榜的。余光中受當時現代主義風潮的影響,從這首詩就可以看得出來。

(三)碧潭

　　碧潭位於新北市的新店區,原是新店溪流經新店,因河面變寬,水色澄碧,形同一湖水潭,因此被稱為「碧潭」,其實它並非真是「潭」,只是新店溪的一截河段而已。其後因修築翡翠水庫,造成碧潭水位下降,於是在碧潭橋下修築攔水堰以蓄積水量,如今碧潭反倒真的成為人工湖「潭」了。

　　碧潭從來就是大臺北地區,情侶約會的熱門景點。余光中循此風尚,從情侶划船遊潭入手,劈頭就寫潭上情侶划槳的情形:

> 十七柄桂槳敲碎青琉璃
>
> 幾則羅曼史躲在陽傘下
>
> (〈碧潭——載不動　許多愁〉《蓮的聯想》)

碧潭「碧」綠的溪水如「青琉璃」般,情人們撐傘搖槳,把這青碧的琉璃都給「敲碎」了——桂槳非偶數而是奇數的「十七柄」,暗示詩人只有自己一人。這裡把潭水轉化為物「青琉璃」的手法,雖然高明,然而整首詩描寫碧潭景物者,就只是起首的這兩句。接下去,則大訴其情愛之懷,可視為余光中早期的愛情觀:

> 我的,沒帶來,我的羅曼史
>
> 在河的下游
>
> 如果碧潭再玻璃些
>
> 就可以照我憂傷的側影
>
> 如果舴艋舟再舴艋些
>
> 我的憂傷就滅頂
>
> 八點半。　吊橋還未醒
>
> 暑假剛開始,夏正年輕
>
> 大二女生的笑聲,在水上飛
>
> 飛來蜻蜓,飛去蜻蜓
>
> 飛來你。　如果你棲在我船尾

這小舟該多輕

這雙槳該憶起

誰是西施，誰是范蠡

那就划去太湖，划去洞庭

　　聽唐朝的猿啼

划去潺潺的天河

看你濯髮，在神話裏

就覆舟，也是美麗的交通失事了

你在彼岸織你的錦

我在此岸弄我的笛

從上個七夕，到下個七夕

（〈碧潭──載不動 許多愁〉《蓮的聯想》）

詩人嚮往西施與范蠡、牛郎與織女，那種古典的愛情，於此可見。此詩作於 1962
年，是余光中受新古典主義影響的時期。這時的他，告別了現代主義的虛無與
晦澀，鍾情於蓮所生發的愛情聯想。一部《蓮的聯想》，正是這種古典愛情觀
的總集。此詩每段四行，分段工整。句子則長短相濟，不再是呆板的整齊型式。
也懂得將詞序恰當地倒裝，使節奏更富韻律，充滿古典的幽雅與寧靜。不管是
現代語詞的「玻璃」，或是古典詩詞裏的「舴艋」，都能恰如其分地運用修辭法
──原來是名詞，轉品為形容詞用──把古典與現代充分融合在一首詩裏。然
而較之前面兩首，其對碧潭這一名勝風景的描寫，卻更是少得可憐了。

二、1970 年以後

（一）如童話仙境

　　童話（fairy tales）本是指用散文的形式，敘述故事男女主角幸運或不幸
的遭遇；他們經歷了各式各樣，多少都有些超自然神奇的那種冒險後，從此
過著幸福的生活。魔法巫術、魅力符咒、喬裝假扮、咒語著魔，都是童話故
事的主要部分。童話中的人物，在人性與心理上，時常是微妙得難以捉摸且
不可思議的。

　　1970 年以後，余光中寫臺灣景物的詩中，就常帶有童話世界的色彩：

1. 明德水庫

　　「明德水庫」原名「後龍水庫」，位於苗栗縣頭屋鄉明德村，水庫的水源

來自後龍溪的支流老田寮溪,是苗栗縣第一座多目標的土壩型水庫。四周群山環繞,集水區內有三小島各具特色,〔註37〕風光極為明媚。近年來淤積嚴重,當局轉朝觀光型水庫發展。

　　余光中有〈苗栗明德水庫〉一詩,詠寫水庫之美。此詩像說童話故事般開始,極具故事性:

> 森森青翠的深處,是誰
> 私藏了這一泓明媚
> 只讓童話來投影
> 不許世界偷窺
> 山之重圍是不會洩密的
> 懸夢的吊橋也會
> 驚疑是怎樣誤闖進來的
> （〈苗栗明德水庫〉《高樓對海》）

不知道誰「私藏」了明德水庫這「一泓明媚」,將這麼一汪水藏在「森森青翠的深處」,擺明了是「不許世界偷窺」。那防衛是很森嚴的,絕不准有洩密的情事——有懸空的吊橋,也有「山之重圍」,層層隔絕,所以不會。那吊橋懸隔著現實與夢境,「驚疑（我）是怎樣誤闖進來的」。

　　詩人誤闖進了這仙境,乍驚還喜:

> 正想問一問閒鷺
> 這反常的靜有什麼天機
> 只見夕涼的長鏡上
> 悠悠扇起了一羽素白
> 拍著空闊的浩淼
> 斜
> 　斜
> 　　渡
> 　　　去
> （〈苗栗明德水庫〉《高樓對海》）

白鷺鷥形似「小一號」的仙鶴,在余詩的人間幻境裡常常出現:

〔註37〕三島分別是:1.鴛鴦島:是原住民的建築特色;2.日新島:為果樹區;3.海
　　　　棠島:有永春宮古廟,可以吊橋到達,電影魯冰花即以此為拍片場景。

一鷺鷥獨立在水中

讓孤影粼粼

終止於靜定

哲人說，那是空

僧人說，那是禪

詩人說，那是境

（〈水中鷺鷥〉《太陽點名》）

故而有「鷺」就是仙境最好的註腳。「閒鷺」的渡去，含有羽化登仙之意。這裡，「反常的靜」與「素白」都是余詩幻化仙境常用的意象。這幅童話仙境的畫面，詩人用三個句首擺著疊詞的句子暗示讀者：「森森」青翠的深處、「悠悠」扇起了一羽素白、「斜斜」飛去。明德水庫就是嵌在這幅童話仙境背景上的「一泓明媚」。用雙聲詞「明媚」，既形容其景致鮮明悅目，又暗喻其神態嫵媚明豔。這麼「明媚」的湖水，只能「投影」出童話來──在「夕涼」中，「反常的靜」，只有「一羽素白」的閒鷺，在「空闊」「浩淼」的「長（長）鏡（面）上」，拍翅「悠悠」斜「渡」而去，這就是明德水庫之美，像童話仙境一般。

2. 碧湖

余光中將臺灣水庫譬喻為童話仙境的，還有「碧湖」。「碧湖」為「萬大水庫」（奧萬大壩）之別名，〔註38〕位於南投縣仁愛鄉霧社南方九公里的山谷中。它匯集臺灣最長河川濁水溪支流萬大溪的水，〔註39〕是一座兼具蓄水、發電與調節日月潭水量功能的水庫。

余光中將碧湖喻為山神私藏的迷幻鏡：推開窄窄的「一扇後門」，就是「碧澄澄」的一汪碧湖，「迢迢」十里之遠的湖面，一圈漣漪也不起，靜止的湖面就像「一面迷幻鏡」，詩人說那是「山神私藏在層巒深處更深處」的。在泰耶魯豐年祭的歌樂中，山神鏡中「波光流晒六社的孩子」，給予最最深沉的祝福。

想當年泰耶魯族的酋長「手刃了自己的血嗣」，那碑石就是烈士「痛切」的肌腱，「兵器銹蝕的缺口」，就是部落當年「被切痛」的舊創，至今仍隱隱

〔註38〕此地山清水翠，蔣中正生前極愛這裡的山水景觀，所以稱它為「碧湖」，也有人稱它為「菁潭」。又因形似龍盤旋於山中，也稱「臥龍潭」。

〔註39〕濁水溪是臺灣中部的水源命脈，由多條源自中央山脈與雪山山脈的支流匯集而成。流域內每條支流幾乎都能形成集水區，萬大水庫、霧社水庫、日月潭水庫均屬之。濁水溪也是臺灣的地理分界線，濁水溪以南是熱帶氣候，以北為副熱帶氣候。

作痛。

「青山如睡」,「沁涼的湖氣」,「迴轉的坡路」,嫵媚的「半角紅亭」,有「一氅水禽」白影翩翩地「且飛且回顧」「無憾的鏡面」。霎時,這面迷幻鏡出現這樣的畫面:

> 看一曲綠水疊嶂裏蜿來
>
> 酋長,蜿你額上當年的佩帶
>
> 而中流豁豁抽開,啊幻湖
>
> 酋長酋長你彎刀猶裸露
>
> 西去裸冽冽的寒光向晚
>
> 奮力一劈後不肯再回鞘
>
> (〈碧湖〉《白玉苦瓜》)

一路迤邐蜿蜒而去的碧湖,形似酋長「額上當年的佩帶」,而傍晚中流西去的寒光,就像他「奮力一劈」永不再回鞘的「裸冽冽」刀光。這是當年奮戰的酋長英姿,詩人用魔幻寫實手法將它重現在這面迷幻鏡上。

「莫冷了桌上的晚餐」,在山莊主人的催促下,詩人離開了「起霧的迷鏡」,山莊主人闔上了「那樣小」而冷且深邃的「一面鏡蓋子」。

3. 蘭嶼天池

〈蘭嶼六景〉之二的〈天池〉(收在《安石榴》),則是女巫以其眼色調製而成的藍鏡子。那面詭異的藍鏡,被「偷藏在山和樹的深處」,是女巫施展巫術的法器:

> 一個不留意,天和雲
>
> 就落進她詭異的巫術
>
> 恍惚被攝去了心魂
>
> 害得風啊時時飛過來
>
> 貼著明淨的水面
>
> 把雲影和天光
>
> 一一救走
>
> (〈蘭嶼六景〉之二〈天池〉《安石榴》)

這魔鏡能攝人心魄,反映在湖心的天光、雲影就是天和雲的心魄,他們常被擄奪去心魄,墮入湖鏡中。幸賴遊俠風先生,貼近水面,及時將天光、雲影「一一救走」,這畫面確實像極了童話世界。

4. 三疊瀑布

〈蘭嶼六景〉之三的〈三疊瀑布〉，則視瀑布為仙子的透薄紗裙，從上面披瀉而下：

> 輕飄飄的三疊紗裙
> 薄得幾乎是透明
> 說不出是瀉下來還是披下來
> 只覺得那不可捉摸的仙子
> 宛然就在其中，微微搖盪
> 時或用山風理一下裙擺
> 亭亭立在
> 一面好大的地鏡之上

山風吹過瀑布，詩人想像是仙子在山風中，微整裙擺，而仙子則是「不可捉摸」的。詩人運用完形心理的方法，依紗裙瀑布推想，她應是「亭亭立在」潭水之上——瀑布下的潭水應是「一面好大的地鏡」（地上的一面鏡子）。

總之，除早期的〈碧潭〉潭水，詩人比之為「青琉璃」外，在余詩中，像水庫大小的湖水——尤其是山中的湖、潭、池——余光中大多視為一面鏡子。這面鏡子是仙女腳下的地鏡，或是巫師勾魂攝魄的魔鏡，又或是山神私藏的迷幻鏡，則隨詩人隨境發揮，但都不離神話、傳說及童話的想像範疇。

5. 蘭嶼紅頭村

〈蘭嶼六景〉之一的〈夕望紅頭村〉，詩人筆下的紅頭村就是神仙所居之境：

> 海氣裏，紅頭村的暮色幾許？
> 水色藍而寒，天色青而虛
> 而寒藍與虛青之間
> 霞暈依依是落日的回憶
> 這一切，眼看是不能久留了
> 至於山色，則近處沉重
> 已完全交給了夜色
> （〈蘭嶼六景〉之一〈夕望紅頭村〉《安石榴》）

詩人說紅頭村被「海氣」所包圍，故意用「海氣」去烘托紅頭村是海市蜃樓的神仙之鄉。然後再從「暮色」著手：遠望紅頭村，「水色藍而寒，天

色青而虛」，在寒藍與虛青這兩種寒涼色調中間，則是無法久留正沉沉暗去的落霞餘暈，這三種色調，又與繽紛多彩的紅塵俗世迥然不同。至於山色，近則一重重交給了「夜色」；遠則有「峨然」沒海的岬彎，用它健壯的臂膀，撫「抱」紅頭村，「寵護」著村中稀疏的燈火。那燈色是：三、四點金黃而「青白的也不多」。詩人這樣細心地刻畫熒熒燈火，目的是要營造這幾點燈火的柔弱，所以當然需要神靈的特別呵護——紅頭村真的是童話仙境，也是傳說的仙境。

（二）似神話傳說

「神話」、「傳說」、神仙故事，三者略有不相同，但今天很多人說神話，則是包括這三樣，且混用不清。

一般說來，「神話」（myth）不是真實的故事，它通常是敘說宇宙、天地神祇等超自然的事物——至少是超人類的事物。神話談天地的創造、世界的起源，解釋自然萬物是怎麼創造存在的，充滿遠古的自然秩序與宇宙力量。魯迅《中國小說史略》解釋神話產生的原因說：

> 昔者初民見天地萬物變異不常，其諸現象又出于人力所能以上，則自造眾說以解釋之，凡所解釋今謂之「神話」。「神話」大抵以一「神格」為中樞，又推演為敘說，而于所敘說之神、之事，又從而信仰敬畏之，于是歌頌其威靈，致美于壇廟，久而愈進，文物遂繁。故神話不特為宗教之萌芽，美術所由起，且實為文章之淵源。〔註40〕

神話是先民解釋宇宙萬物諸般現象的臆想（人物是虛構的，故事是杜撰的），如「盤古開天」、〔註41〕「女媧造人」等等。〔註42〕每一個民族在藝術舞臺上率先上演的就是神話。神話使人類對天地萬物的感覺與概念具體化，如普羅米修斯（Prometheus）創造生命的形象或海克力士（Hercules）力大無比的形象以及黛安娜（Diana）貞潔的處女概念等等。

至於「傳說」（或稱「傳奇」，legend），則是：

> 迨神話演進，則為中樞者漸近於人格，今謂之傳說。傳說之所道，或為神性之人，或為古英雄，其奇才異能神勇為凡人所不及，而由於天授，或有天相者，簡狄吞燕而生商，劉媼得交龍而孕季，皆其

〔註40〕魯迅，《中國小說史略》第二篇。
〔註41〕說見〔三國〕徐整《三五曆紀》（《藝文類聚》有錄其說）。
〔註42〕說見〔漢〕應劭《風俗通義》。

例也。〔註43〕

傳說是以非凡之「人」為中心的故事，其產生來自人之自信——代表初民人定勝天的意志，如「夸父逐日」、「后羿射日」等等。

余光中將這些神話、傳說，與當下所見的臺灣景觀巧妙地結合，使神話、傳說自遠古來到現代，當下的景物與遠古的傳說相銜接，虛實相生，生動迷人。

1. 墾丁青蛙石

青蛙石和大尖山一樣，在地質學上是屬第三紀墾丁層所夾帶的礫岩塊。這些堅硬的礫岩塊夾在泥岩層中，以其對侵蝕的抵抗力極強，泥岩在經風雨長期的侵蝕下剝落，而礫岩塊則裸露成為獨立的山峰。青蛙石就是這樣的礫岩塊，獨自蹲在墾丁南灣的海邊，高約61公尺，上頭長有瓊崖海棠等熱帶植物。從高處往下望，就像一隻正準備往海裡跳的青蛙，故名青蛙石。其臨海的一面，有珊瑚礁環繞。

余光中從蛙石的「正往海裡跳」這姿態起筆，一連問了好幾個問題：

> 在腳下喊你好幾千年了，那海
>
> 怎麼你還是蹲在岸邊？
>
> 你如何跳來的呢，當初
>
> 正預備要跳去何處？
>
> 卻突然就這麼愣住了
>
> 像中了，咳，誰的法術
>
> 醒一醒吧，墨綠的巨靈
>
> 掙開青苔密密的羅網
>
> 趁今夜，南灣的月色正好
>
> 讓我騎上你背脊，跳吧
>
> 把大海跳成小池塘
>
> 從一座仙島到一座仙島

咳！這一「墨綠的巨靈」，是中了法術「愣」在這兒的。「咳」故意夾在詩句中

〔註43〕周樹人（魯迅），《中國小說史略》。「簡狄」，傳說中商始祖契（ㄒㄧㄝˋ，火神閼伯）之母，一作簡易、簡逷，因是有娀氏（在今山西永濟西）女，又稱娀簡。相傳她偶出行浴，吞鳦卵而生契。「鳦」，是「燕」的古寫，即玄鳥。「劉媼」只劉邦母親，《史記·高祖本紀》記載，高祖，沛豐邑中陽裏人，姓劉氏，字季。父曰太公，母曰劉媼。其先劉媼嘗息大澤之陂，夢與神遇。是時雷電晦冥，太公往視，則見蛟龍於其上。已而有身，遂產高祖。

間，充滿惋惜、忍不住嘆氣的神態，就既「顧前也顧後」地籠罩在詩中了。從哪裡來？欲往何處？怎麼來的？這些詩人一概不知。只設想表面長滿密密麻麻的苔蘚，就是網住牠的「羅網」。詩人復馳騁想像地，欲叫醒青蛙，「掙開」羅網，讓他騎上蛙背，隨著青蛙，從這一仙島跳到那一仙島，就像平常蛙池所見活蹦亂跳的青蛙那樣——跳過來、躍過去，一個仙島、一個仙島地跳躍，多好玩哪。

這種像對岩石說話，又像是詩人自語，任詩思與想像恣意馳騁的手法，使讀者墮入如幻似真之境，也豐富了詩與實景的人文意涵。

2. 蘭嶼龍頭岩

蘭嶼的地質層以含角閃石的安山岩質熔岩及玄武岩質的集塊岩為主，還有更新世的紅土層、隆起的珊瑚礁以及全新世的沖積層、崩積層及海岸裙礁，在大自然的海蝕、風化過程中，塑造出蘭嶼饒富趣味的奇岩景觀。

其中，龍頭岩是蘭嶼極具代表性的景觀。它位在蘭嶼野銀部落往南約二公里處，也就是大森山的東南方。龍頭岩壁坑坑洞洞，達悟族人（雅美族人）稱龍頭岩為「ji-mazicing」，就是岩石鋒利、不規則之意。龍頭岩附近的海域是蘭嶼人重要的漁場。〔註44〕

從遠處望龍頭岩，形似中國傳說的出海蛟龍頭形，口、角、髭鬚一應俱全。龍頭向天，張牙舞爪，在夕陽的紅暈與霞光的映照下，有如火龍般，威武雄偉，頗有懾人的氣勢：

> 那龍靈崢嶸而黑的側影
> 反托在深琥珀色的霞空
> 個性何其剛烈的頭角
> 昂向海上開闊的風雲
> （〈蘭嶼六景〉〈龍頭岩〉《安石榴》）

若是選對角度，還能看到紅日如火龍吐出的龍珠般，整幅畫面，彷彿就是傳說的真龍現身了：

> 而自從有傳說以來
> 一直威脅說某個黃昏

〔註44〕資料來源：臺東縣旅遊觀光網「發現臺東」2010.6.24，網址：http://tour. taitung.gov.tw/ch/AllInOne_Show.aspx?path=404&guid=088e36d7-c9ef-4009-8bc6-f45bd21270ca&lang=zh-tw

在海天變色裏一個翻身
他就會真的飛騰而去
看他傲然睥天的氣勢
我相信不是空言恫嚇
只希望那可畏的預言
不會在今晚應驗
（〈蘭嶼六景〉〈龍頭岩〉《安石榴》）

詩人依附傳說，說這蛟龍會一個翻身，「飛騰而去」。是的，憑牠那睒視昂藏，睥睨天地，不可一世的氣勢，詩人深深相信這個傳說，絕「不是空言恫嚇」，它可能成真。然後更進一步經營氣氛：可千萬別在今晚應驗。這口氣雖非童言兒語所專有，然其深信傳說可能成真的心思，一如童心之駭懍恐懼，確實讓讀者感覺非常真實，可見詩人營造氣氛之成功。

3. 小蘭嶼

寫臺灣附近海上的奇岩怪石，余光中還有〈鏡中天地——題我存攝影十題之〈小蘭嶼〉〉兩首（收在《安石榴》），除將某些詞語稍做變化外，如「崢嶸」拆為兩句，而成「崢其頭角，嶸其輪廓」、「昂向海上」變為「昂出了海面」，餘則如前兩首，虛實相生，如幻似真：

無邊的夜色已潛伏在外面
　若非那兩尊巨石
　那一對黑毛獅子
　一直鎮守在岬口
怕早就，啊，席捲而來了
（〈鏡中天地——題我存攝影十題之〈小蘭嶼〉《安石榴》）

翻白的藍浪裏可以想見
曾經是怎樣咆哮而生猛
如今，被牽於水平線
只留下可疑的傳說了
（〈鏡中天地——題我存攝影十題之〈小蘭嶼〉《安石榴》）

小蘭嶼外海，錯落有致的島嶼就彷彿是海外仙島，「海外有海，山外有山」，嵯峨磊落地分佈在海面上。他們曾「生猛」地在「翻白的藍浪裏」咆哮，自從受縛於仙人，被仙人用一根水平線緊緊捆綁住，牽制住在杳無人煙的海上，成為

「可疑的傳說」。

4. 銀葉板根

〈銀葉板根〉是〈墾丁十九首〉的第十三首（收在《夢與地理》），以神話中的海妖為意象，但卻與希臘神話的海妖大不相同。希臘神話的海妖塞壬（Siren），有女人的面孔、魚類的身體（或云鳥首人身、甚至跟人魚相類），是河神阿克洛奧斯（Achelous）的女兒。她有美麗的歌喉，常用歌聲誘惑過路的航海者，使航船觸礁沉沒。墾丁國家公園的海妖則不然：

> 那一棵老樹會把自己的故事
>
> 說得這麼露骨呢？
>
> 不必尋根了，一切的傳說
>
> 赤裸裸都羅列在眼前
>
> 半啟的龍骨嶙峋，蛟筋雜錯
>
> 蟠踞成一隻飛不去的海妖
>
> 輕一點吧，噓，輕一點
>
> 防他突然會醒來
>
> 千肢蠕蠢，把你絆一跤

人老了，都喜歡談往事、說自己很久很久以前的故事，但免不了會美化、潤色一番。詩人反問讀者：有誰「……會把自己的故事／說得這麼露骨呢？」沒有吧，只有銀葉板根會。「露骨」既形容銀葉板根的根爪出地面，裸露在地上，可以一覽無遺；又雙關「一無遮攔」、毫無掩飾之意，可謂神來之筆。說板根「露骨」已是奇思，接著又叫它「不必尋根」了，因為根就已凸出地面，「羅列在眼前」。「尋根」曾是 1980 年代很火紅的話題，詩人把時興的語詞放進詩裡，既傳神地表達文意，又增添切合時代潮流的趣味。

墾丁國家公園森林遊樂區的第一園區內，有一棵銀葉樹，樹幹基部長出許多板狀的根，高可 100 多公分。熱帶雨林區夏季多暴雨，但土壤淺薄，「板根」就是熱帶雨林的樹木，為了因應這種環境，所形成的特殊景觀。雨林樹木為了避免土層淺薄，使樹身傾倒，於是根部突起地面，呈三角翼狀，而成板型樹根。如此，不僅增強樹幹的抓地力，又能使樹幹長得高聳，樹梢得到充分的日晒。墾丁森林遊樂區的這棵銀葉樹，樹齡約有四百多年，整棵樹的外形活像隻棕色章魚，伸出大爪，向四面八方蟠曲出去。每枝根系曲折有致，姿態萬千。

接著詩人承「羅列在眼前」意，寫下所見的板根之狀：「龍骨嶙峋」，「蛟

筋雜錯」，「蟠踞」的面積達「半畝」之廣，像「一隻飛不去的海妖」。原來老樹是海妖變的，老樹的前身就是海妖，海妖就是老樹的「根」源。

板根高低不平，很容易讓人絆跤，故而詩人生發出若海妖「醒來」，「千肢蠕蠢」的樣態。並細聲提醒遊客：「輕一點吧，噓，輕一點」，那種輕聲叮嚀、踮起腳跟走路的樣子，就因這麼一句叮嚀，生動地浮現在讀者眼前，令讀者不由得會心一笑。

此詩以海妖為主角，卻沒有海妖的活動，只是虛寫想像海妖若是被吵醒，「千肢蠕蠢」的樣子，而實際上，海妖連「動一下」都沒有。

5. 牧神午寐

在〈牧神午寐〉中（〈墾丁十九首〉之十三，收在《夢與地理》），牧神連出現一下都沒有：

> 牧神在家嗎？　我輕輕問道
> 半天，都沒有人回答
> 除了清涼的風聲，脆利的禽語
> 似乎探不到森林的底細
> 牧神在家嗎？　又問了一遍
> 應我依然是一片靜寂
> 至少，挖土機無禮的長臂
> 今天還不會就來叫門
> 背光的濃陰低垂著翠影
> 也沒有擴音機和馬達
> 來驚動你深沉的午寐
> 聽哪，真的是沒有

此詩寫墾丁國家公園「一片靜寂」，如牧神「深沉的午寐」。此時，沒有挖土機、擴音機和馬達噪音的干擾，只有「清涼的風聲，脆利的禽語」以及「背光的濃陰低垂著翠影」，好「靜寂」「深沉的午寐」啊。風聲用觸覺的「清涼」，禽語用口齒咬勁的「脆」與視覺的「尖銳、爽利」形容，顯見詩人對聲音的描摹，已是越來越得心應手了。濃蔭的翠影「低垂」，正似人們午寐時的「深沉」之態；「深沉」二字又呼應前文的「探不到森林的底細」，詩的每一處，均專力在鋪陳午寐之深沉寂靜。

這寫法極為特別：題目既定為〈牧神午寐〉，托出「牧神」二字，卻又虛

立牧神於一旁,只實寫現在公園的景物。景物是現代的景物,古牧神卻沒有現身,也沒有牧神的活動,牧神只隱身在「午寐」中。然而全詩卻因為這古希臘「牧神」兩個字,那希臘神話的氣氛,就在詩中氤氳地散開來。詩人用「牧神」的功用,就是烘托神話的氛圍,製造出古希臘神話的那種情境。這氛圍與情境,或許因各人對希臘神話的認知而不同,但讀者落入其所認知的神話情境則一。

6. 風剪樹

此外,既非摹擬為神,也不被詩人目為妖魔海怪。沒有「神」「妖」的神力與魔法,卻有薛西弗斯(Sisyphus)滾石、夸父逐日、刑天舞干戚那種不肯屈服、永不服輸的精神。〔註45〕這種堅強的意志力與頑強的生命力,在中外的神話傳說中佔很重要的質素,〈風剪樹〉(〈墾丁十九首〉之十四,收在《夢與地理》),就是詠寫這樣的精神,所以將之歸類在此。

> 再強悍的風季也休想拔起
> 這半樹青翠的生機
> 永不下降的一面半旗
> 一半的頑根撐在空際
> 另一半,更頑固的意志
> 緊緊端住最後的岩石
> 和欺人的風勢一較摔跤
> 拚著腰斷,也不甘跪倒
> 就這麼一身錚錚的傲骨
> 翹在咆哮呼喝的風口
> 都來吧,天上的狂飆

墾丁國家公園——尤其是社頂自然公園——的礁岩,其上樹木一邊枝葉茂盛,而另一邊則稀疏零落,彷彿是人工特意修剪一般,詩人形容為「半樹青翠的生機」。這是因為這裡的樹,一邊受強風吹襲,生長不易,外型好似被風剪掉了頭髮一樣,生態學稱這種現象為「風剪」,這樣的樹就叫做「風剪樹」。在臺灣這種強風通常是每年來自海上的東北季風,因此風剪樹禿的一邊,都是面向大海——尤其是在東北季風盛行的地方。這一邊受風摧殘,另一邊則力持生機,在逆境中求生存,所以詩人說它像「永不下降的一面半旗」。這些風剪樹與嶙

〔註45〕《山海經·海外西經》:「刑天與帝爭神,帝斷其首,葬之常羊之山,乃以乳為目,以臍為口,操干戚以舞。」

岣的礁岩，相互襯托，就像大自然精雕細琢的樹景盆栽一般，別樹一格，極具特色。

　　「再強悍的風季也休想拔起」，就是這樣地下定決心，拚死抵抗，以致那姿態是「一半的頑根撐在空際」，另一半則「緊緊踹住最後的岩石」。它就是這樣頑強地「翹」在風口。這副模樣不就像摔跤，力拼硬撐，不叫對方把自己摔個倒栽蔥嗎。欺人的風勢呼呼地咆哮著，來，一起上吧，我全力迎戰，絕不雌伏。縱使腰斷骨折，這身錚錚傲骨，「也不甘跪倒」。

　　「再……也休想……」、「永不……」，都是極絕決、永不妥協的口氣。這樣的口氣、這樣的決心與意志，即使面對薛西弗斯、夸父或刑天，也是毫無愧色的。

7. 雪山圓柏

　　不只墾丁的風翦樹具有這樣的精神，臺灣雪山的圓柏也有這樣的韌性：

> 天藍得如此深邃而神祕
>
> 地白得如此純潔而天真
>
> 　天地之間
>
> 一列蒼勁的圓柏
>
> 　風也吹不倒
>
> 　雪也壓不彎
>
> 　日也曬不壞
>
> 在海拔不能再拔高的高處
>
> 猶自挺拔地撐起
>
> 如此高傲不屈的空無

　　（〈雪山二題——觀王慶華攝影〉之二〈圓柏〉《高樓對海》）

這裡所說的圓柏應是玉山圓柏（Single-seed Juniper），是臺灣高山最高大的常綠針葉樹。〔註46〕其形態可分為喬木及灌木兩類。喬木類的玉山圓柏高度可達

〔註46〕玉山圓柏之學名為 Juniperus squamata Lamb. var. morrisonicola(Hayata)Li & Keng，屬柏科（Cupressaceae）圓柏屬（Juniperus），別名香青、香柏。雪山主峰峰頂附近，只玉山圓柏、玉山杜鵑、玉山小檗等植物能夠生長。翠池附近有一處玉山圓柏純林，以其處背風面，圓柏長得特別高大，型態與台灣他區之玉山圓柏不同。它不是低矮灌叢，而是蒼翠的古木參天，樹齡據學術界推估小者五百，大的神木級圓柏樹齡可能在二、三千年以上，九十公頃的純林堪稱台灣的國寶森林。雪山主峰峰頂附近本還有玉山圓柏分布，但因火災已多數死亡，呈現白化的枯木狀態。

三十五公尺以上。玉山圓柏的生長處，大約在海拔 3200～3990 公尺之間，臺灣全島 3400 公尺以上的高峰都可見其蹤跡。其中又以玉山、雪山、秀姑巒山、馬勃拉斯山、南湖大山、中央尖山及關山等高山分布最密集，是臺灣海拔最高的樹種。

遠望藍天與雪嶺間，一排青蒼蒼的圓柏挺立其中。任日曬、雪凌、風刮，它就是凜然不動，「挺拔地」屹立在那裡。這種靜立「不屈」之姿，顯得「高傲」而「空無」。「空」迴繳首句天的「深邃而神祕」；「無」迴繳次句的「純潔而天真」。詩藝已臻高境的余光中，在詩的結構上，絕對會做到前後一致，首尾圓合的。「空無」這兩字也把詩旨說開、說足了。天是「深邃而神祕」的藍，雪嶺是「純潔而天真」的白，此外，就是圓柏「高傲」「挺拔」的「蒼勁」了。這樣的境界純淨得「空無」一物，卻又因自性得以彰顯而豐足圓滿，這就是佛家「空無」（自性圓融的）境界。圓柏的高傲是靜態的，風翦樹的「不甘跪倒」是動態的，余光中對樹之堅韌不拔的質性，觀察、體悟得可謂深刻。

一個是「在海拔不能再拔高的高處」，[註47]一個是「翹在咆哮呼喝的風口」，他們面對惡劣的生存環境，全賴堅強的韌性、不屈的意志而屹立不倒。這樣寫圓柏與風翦樹，手法完全不像早期借物言志的生澀與濫情，又讓讀者覺得詩中處處有余光中的影子，像極了余光中。

（三）像愛情故事

寫男女情愛是余光中筆下的「常客」。山水有情，余光中筆下的山水，自然少不了以愛情傳說的方式視之，並加以鋪陳描寫。

1. 墾丁山海瀑

〈山海瀑〉（〈墾丁十九首〉之十二，收在《夢與地理》），詩人將墾丁的山海瀑，設想為愛不惜犧牲一切，奔赴情郎的故事。故事一開場，就擬山海瀑為這樣一位勇赴愛情的女子，聲勢懾人地：

> 一聲大喝，推開長空與高崖
> 以如此斷然的姿態
> 奔放而充沛的清白
> 就從最高處，瀉沫飛珠
> 在轟轟的呼駭裏一縱而來

[註47] 這句的兩個「拔」與「高」字，把雪山海「拔」之「高」，高出來了，修辭學謂之「類疊」。

萬壑千山都攔你不住

崖下的怪石也不能嚇阻

誰都擋不了一條活水

向絕路尋找自己的生路

只因在山外把你等待的

　　不是別人，是海

山海瀑是佳樂水風景區的一個景點，原名「高落水」(以臺語發音)，意思是「從高處高高落下來的水」，也就是瀑布的意思。以其濱臨太平洋，背山面海，因名「山海瀑」。「山海瀑」高三十多公尺，由三條溪流匯聚而成，經過海邊崩崖，直落入太平洋。好似天河懸落，是臺灣本島唯一的海崖瀑布，是罕見的奇景。

　　詩人以驚人的聲勢揭開序幕：「一聲大喝」，這位女子「推開」了「長空與高崖」，以一種「斷然的姿態」，縱身躍入情人「海」的懷中。挾著「奔放而充沛的清白」，她「瀉沫飛珠」地，在眾人「轟轟的呼駭裏」，一躍而下。那姿態是那麼地絕決，不但劈手「推開長空與高崖」，沿路的「萬壑千山」也攔她不住，「崖下的怪石」更阻嚇不了她。她認為自己這條活水的生路，就是奔赴大海，而大家卻說這是條「絕路」；於是她不顧眾人的反對，縱身躍下……。

　　這樣不顧一切的唯一理由，就是大海在山外「把你等待」。詩人不說「等你」，而是用「把」字式地說「把你等待」，這語勢帶有濃濃的含羞帶怯意，又兼點撒嬌挑情的媚態。因為這句「把你等待」，濃濃的情意，就慢慢地在詩裏暈開……。

2. 蘭嶼情人洞

　　〈蘭嶼六景〉之五的〈情人洞之一〉與之六〈情人洞之二〉，余光中則藉之質疑情愛世界的真偽，與擬之如癡情女苦候薄情郎的故事。

　　蘭嶼的情人洞是火山熔岩，經海蝕作用所形成的一個拱門式的岩洞景觀。遠望情人洞，海與天被水平線切割成半。只要選對角度，就能觀賞夕日落進洞中的奇特景觀。洞口之海面交會處，海水洶湧地衝進岩洞，撞擊岩石，轟轟之聲不絕於耳，形成怒濤排壑的雄偉景觀。那不斷湧進的濤流，與洞內的海水相互攪拌，不時冒出白色泡沫，顏色如藍莓優格般地誘人。

　　余光中將這情人洞，視為愛情似真似幻的混沌世界：這混沌世界的絕壁，被鑿開了一扇「似真似幻的石窗」。石窗被「一條著魔的水平線」，不知「是切開了還是縫合」地，引進洞外的風景——「一半的天和一半的海」。水平線「著

魔」，象徵愛情也似著了魔一般；似真又假，正如海天各擁其半一樣，真真假假，虛虛實實。奔騰澎湃的「晚潮」，不斷擊打著岩壁，像是「情人綿綿的癡話」，正「喃喃訴給健忘的絕壁」聽。絕壁聽了進去，然後又給忘了，於是另外一半的癡癡情話，就「化成穿洞的風」，「空空」地來，「空空」地去，像空口說白話那般，全成了一片虛情假意。

洞外與洞內、一半的天與一半的海、半似真的情話，似晚潮聲，喃喃低訴；半是假的情話，似穿洞的風，全沒有個著落。愛情的世界就是這樣地半真半假，混沌不明。就像海天被「切」或「合」在一起，哪裡是海，哪裡是天，誰能分得清楚？每個人入得洞來，望得洞去，無不像著了魔般，活在一個似真似幻的世界。如痴如迷地，儘說些癡情呆話。情話是虛虛實實、真假難分的，「愛情」的世界，確是個混沌世界。

於是一則則可悲的愛情故事，總是真情的「堅持到永遠」，而那虛假的，早就不知跑到哪裡去了：

> 洞外的滄海啊會枯
> 洞裏的岩石啊會爛
> 但是我們的恩愛啊，她說
> 比海深，比石固
> 會堅持到永遠，永遠
> 海水依舊是藍晶晶
> 岩石依舊是堅挺
> 但過了一代又一代，風說
> 怎不見當初啊
> 在洞口發誓的情人？
> （〈蘭嶼六景〉〈情人洞之二〉《安石榴》）

於是癡情女苦候薄情郎的故事，始終不斷地上演。

（四）說古剎佛理

1. 淡水龍山寺

在臺灣的宗教信仰中，龍山寺與媽祖廟齊名，「觀音媽、媽祖婆」是許多臺灣人的精神寄託。〔註48〕

〔註48〕「觀音媽、媽祖婆」為閩南口語。

　　龍山寺奉祀觀音，原是泉州府三邑（南安、惠安、晉江）的守護神。泉州人移民外地，往往會將安海龍山寺之觀音菩薩的香火分靈請來，龍山寺因此被視為是泉州人拓殖的足跡。

　　臺灣地區著名的龍山寺共有五座，〔註49〕淡水龍山寺創建於清乾隆年間，今廟則是咸豐年間重建完成的。相傳在 1884 年中法戰爭期間，廟裏的觀音菩薩曾顯靈護佑居民，戰後巡撫劉銘傳奏請頒賜「慈航普度」匾額以謝神恩，從此該寺就帶有神蹟色彩，香火不斷，今已列為國家三級古蹟。

　　淡水龍山寺夾處於淡水清文里的傳統老市場中，沒有宏偉氣派的大門，入口處是清水街窄小的巷弄。攤販群聚在四周狹長的街巷里弄中，家家搭棚遮陽擋雨，櫛比鱗次地相連，以致街弄難見天日，淡水人呼為「暗街仔」。街中仍保存著古式大灶、古式雜貨店及傳統小吃，是臺灣其他廟宇所少見的景觀。

　　此廟曾是淡水的第一大廟，也是過去淡水地區著名的「老人茶館」。踏入油彩剝盡的廟門，前殿一隅即是李老太太賣的老人茶。不少文人騷客，假日常坐在老舊的木桌前品茗啜茶，茶香四溢。〔註50〕這座龍山寺座西朝東，格局為三開間的兩殿兩廊。〔註51〕觀音所在的正殿最高，三川殿次高，漸向前漸低，為前低後高的廟宇格局。早年，前有廣場、後有花園，可惜如今都被挪為市集攤位所用，只有中庭仍存有幾分鬧中取靜的悠閒。總之，街坊土地的分割，使這座廟宇縱深面窄呈狹長型，就連寺廟牆壁也與民宅「共壁」，使整座廟宇被擠壓得有些迫蹙。

　　余光中一行九人，〔註52〕在 1979 年 8 月 8 日夜遊該寺，寫下〈夜遊龍山寺〉一詩（收在《隔水觀音》）。詩分九節，每節三行，一、三行字數約十字上下，第二行僅四或五字，夾在一、三行中間，這樣的詩體也是《蓮的聯想》之

〔註49〕它們都分靈自福建省晉江市安海鎮龍山寺，所以也都稱龍山寺，主祀觀音佛祖。這五座分別是淡水龍山寺、臺北艋舺龍山寺、臺南龍山寺、鳳山龍山寺以及鹿港龍山寺。今日所見的淡水龍山寺為咸豐三年（1853 年）重建，咸豐八年（1858 年）完成，1985 年又加以修繕，增建拜亭一座，廟址為淡水區中山路 95 巷 22 號。

〔註50〕參見黃美英，《臺灣文化滄桑》。（臺北：自立晚報文化出版部，1988），頁 289。

〔註51〕「開間」是舊式房屋表示屋面寬度的用語，以撐住屋椽的橫木長度為準。即由正面觀之，兩根柱子（或牆身）之間的距離就是一「開間」。如：「單開間」、「雙開間」。「臺灣傳統建築中，大型的三合院正堂有寬五開間或七開間。」見《教育部重編國語辭典》修定本。

〔註52〕據該詩附註所云，九人為余光中、范我存、余珊珊、林懷民、薇薇夫人、殷允芃、林柏樑、林清玄和他的新娘等，共為九人。

三行體的變體——第二行只是單軌句，不是雙軌的排比句。這種三行體，形式
像極了龍山寺縱深面窄的狹長格局，〔註53〕外形彷彿就是龍山寺一般：中間一
行如居中的觀音正殿，兩旁則是兩條過水的雨廊；抑或解為中間一行為龍山
寺，夾在兩旁市聲鼎沸的市井巷弄中。藉由這樣詩行的排列，淡水龍山寺整個
外形、格局，就清楚地顯現出來了。現代詩沒有一定的形式，「內容決定形式，
已是一個常識。故形式之存在，是根據內容之變化而變化，這已成為創作上一
個定律。」〔註54〕這個定律在這首詩得到最好的證明。

　　當晚余光中眼睛所見的龍山寺，是「一尺半高的朽木老門檻」、裂痕纍纍
的狹長杉木桌、蜷眠的花貓、闌珊的佛燈以及蹣跚的泡茶老嫗。詩人以廟簷的
一角，幾顆稀稀疏疏的星光，在海風中載沉載浮地閃爍著為背景。詩裡描寫的
每一個景物，都透露這寺廟的古舊與老朽。只有訪客所點的包種茶香，歷久彌
新地「緣石柱而上升」——只有茶香與古老的宗教信仰歷久而彌新。在茶香的
氤氳中，觀音菩薩睡了嗎？

　　　　珊珊卻說，還沒睡著呢
　　　　　　從香案側面
　　　　笑吟吟抽了張籤詩下階來
　　　　是終身大事吧，懷民嚷嚷
　　　　　　這觀音最準
　　　　珊珊說那是她跟觀音的祕密
　　　　笑聲一定驚動了那銅鐘了
　　　　　　清玄一正色
　　　　說了句「神明之前無戲言」
　　　　猛一回頭，神荼，鬱壘
　　　　　　一左一右
　　　　正袍甲森森睨著我們

余光中藉他們這群來訪「香客」的嘴巴，巧妙地說出龍山寺雖老朽而未衰的原
因：珊珊說觀音「還沒睡著」、林懷民說「這觀音最準」、林清玄說「神明之前

〔註53〕這裡所說的「形式」與「形態」不同：「形態是各種不同的形式所共有的特徵，
　　　　而形式是由各種不同的內容而產生的各種不同形式。」見覃子豪，《論現代詩》。
　　　　（臺中：曾文出版社，1982），頁16。
〔註54〕覃子豪，《論現代詩》，頁16。

無戲言」，再拿一旁的神荼與鬱壘「正袍甲森森鄙睨著我們」做陪襯，整幅臺灣人的信仰藍圖與基本宗教觀，就清晰地凸顯在眼前。這些話語都是臺灣人在拜神求佛時所說的，它們也暗示百年古剎所以不衰的原因：觀音沒睡，他隨時都在護佑眾生；「這觀音最準」，林懷民的這句最能道出臺灣人信奉宗教的主因：對未知的世界與未來，不問神明而待何。「民無信不立」，就因為觀音說的很「準」，才得到信眾的愛戴與信任，信任才是擁戴的基石──觀音是不會騙人的，這就是信眾虔誠信仰的根基所在。林清玄的「神明之前無戲言」，說的正是臺灣人敬畏宗教的態度。除了對神明的信任虔敬外，信眾對神明還有一份畏懼──害怕遭到報應的恐懼──神荼與鬱壘正是扮演這樣恐嚇的角色。

這首詩就是這樣如實地呈現臺灣人的宗教信仰──信仰理念與信仰態度。

2. 惠蓀林場

「惠蓀林場」原名「能高林場」，是國立中興大學四大實驗林場之一。1967年，為紀念湯惠蓀校長視察林場殉職，更名為「惠蓀林場」。惠蓀林場海拔約七百七十公尺；南有北港溪，北有關刀溪，環繞於林場的西北方，呈左擁右抱之勢。四周山嶺環繞：眉原山、松風山、尾敏山、杜鵑嶺、濁水山、關刀山……，層巒疊嶂，風景秀麗。惠蓀林場就位在這諸山環峙，雙溪繚繞的山谷間。

余光中遊惠蓀林場，整個過程就像是在參禪一般：不知是多深的山、多密的樹林，也無法計數要「轉多少個陡彎」，才能到「山嶽的心底」。只知沿著山徑一路盤旋而下。轉了又轉，仍不見目的地，只好茫然地仰問「尾敏山頭和濁水山峰」，兩山卻「昂然不答」：

> 而排成梳齒的臺灣冷杉
> 翠陰裏所有的鳥和蟬
> 也都參不出一個結論
> 說，林究竟有多密
> 而山啊究竟有多深
> （〈惠蓀林場〉《安石榴》）

「冷」杉「排成梳齒」狀，「齒」與「冷」讓讀者產生「齒冷」的聯想，托出冷杉孤傲的神態。但是即便是高傲的冷杉，也跟鳥、蟬一樣，「參不出一個結論」來。沒想到「拐過絕壁」，竟「絕」處逢生地聽到一聲水聲──關刀溪路過的溪聲：

> 隔著重重的樹影
>
> 在谷底的急灘上
>
> 一語道破
>
> （〈惠蓀林場〉《安石榴》）

山啊究竟有多深，林呀究竟有多密，這些問題的答案，就這樣，即使「隔著重重的樹影」，也都被關刀溪的水聲，給「一語道破」了。佛法講究機緣，禪機就是一個機緣。只要懂得，時時有禪機，處處有禪機；人人是禪；事事是禪。就像禪宗的公案一樣，余光中遊惠蓀林場，與高山、杉林、鳥、蟬一起參「山深林密」之祕、解「山嶽心底」之禪，而得頓悟之妙趣，如此遊山玩水，真可謂深得山水禪趣。

3. 墾丁浪淘沙

以佛理寫景，余光中還有〈浪淘沙〉、〈風吹砂〉兩首，它們都是〈墾丁十九首〉裡的詩（收在《夢與地理》）。

臺灣南部海岸以珊瑚礁地形為主，海水清澈，氣候溫暖。墾丁國家公園內就大多是這種珊瑚礁岸，但仍有幾處沙灘，如南灣、白沙灣等等。〈浪淘沙〉寫墾丁的沙灘，其沙紋在風吹、浪襲下，形成一圈圈的鱗紋，詩人形容像「時間的指紋」，「公開」在遊客的眼前：

> 風吹不盡的就留給浪去淘啊淘
>
> 淘成了這樣的浪淘沙
>
> ……
>
> 時間的指紋滿滿一身
>
> 留下一圈圈公開的年輪
>
> ……
>
> 美麗得催眠的千層花紋
>
> 留給悠悠忽忽的海風吧
>
> 去細細地翻認

此詩節奏在「淘啊淘」、「留給……吧」、「悠悠忽忽」等句式或聯綿詞的引領下，讀來悠悠忽忽、茫茫蕩蕩，有迷離惝恍的感覺，而這正是詩人所欲營造的輪迴情境。一粒粒的細沙、一圈圈的波紋，正像前生、來世，甚或是今生的你、我、他（她）。可哪一粒是我、是你、是他（她）呢？哪一圈是前世、是今生或來生呢？浪淘沙那美得令人眼花瞭亂的千層花紋，驟一逼視，就立刻目眩神迷了

起來，彷彿已被催眠，進入輪迴的夢境一般。罷了，罷了，不管是前世、今生抑或來世，答案就留給悠悠忽忽的海風去細細翻認吧。末了一句，寫海風「翻認」，有如考古人員反覆辨識之態，只這兩個字，就把那股謹慎小心的模樣，和盤托出，傳神至極。

　　這首詩不僅節奏有佛家輪迴之悠悠忽忽的迷離感，詩人在詩一起頭說「風」留給浪去淘成「沙」，結尾又說將「沙」留給海「風」去翻認——風→沙……沙→風——首尾如回文之回還往復，詩的結構也被安排成反復輪迴之勢。整首詩不管是文采或情思，都是從佛家的輪迴觀去著眼。這就是余光中對墾丁海岸沙紋的感覺，那種在海風吹拂、海浪衝岸下，所形成的美麗沙岸景觀，又寓含佛家深蘊的哲理，叫人分不清是理中景，還是景中理。只能說景、理交融，處處有景，處處得理。

4. 墾丁風吹砂

　　余光中以輪迴喻景的，還有〈風吹砂〉一首。「風吹砂」是墾丁東海岸的一處特殊景觀。墾丁東海岸附近多珊瑚礁岩，唯獨此處的地質是紅土與沙混合而成。經風、雨長期的侵蝕而成「沙」。夏天是雨季，雨水將港口溪及臨近入海小溪所夾帶的沙子，沖向海岸；冬季東北季風又將這些沙子刮回山谷，形成沙瀑、沙河等景觀，年年周而復始，循環不已。這是溪流和風力雙重作用搬運砂粒所形成的特殊地形景觀。起伏的沙丘綿延數百公尺，滿佈山谷，直可媲美大沙漠。現因闢建佳鵝公路，循環作用已遭阻斷，僅餘沙丘沉寂地在山谷中。〔註55〕

　　余光中形容這些沙子是山不要、海不收，彷彿是被山、海拋棄的孤兒，終年「在風裏徘徊」，在風中流浪。它的人生就是一段「飛揚的身世」，年年在墾丁東岸上演：

　　　　冬天驅你上山去，夏天又下海
　　　　在荒涼的岸邊，一遍遍

〔註55〕夏天雨季，窪地匯集雨水，沖沙順勢成為沙河，流向海洋。白沙由台地邊緣垂直滑瀉約 70 公尺至海岸而形成沙瀑。冬天東北季風盛行時，將沙沿崖坡吹送至崖頂，如此兩種逆向搬運作用，而造成風吹砂之特殊地形景觀。本區砂丘連綿總長 1,500 公尺，寬約 200 公尺，分成南北兩條，呈帶狀發展，走向東北至西南，沿狹長窪地分佈直達船帆石後方之台地。目前因為佳鵝公路的開闢及林務局種植木麻黃，以致沙源流動受阻，逐漸為蔓生植物覆蓋，昔日沙石漫天，宛如置身大戈壁的情景，已不復見到。見墾丁國家公園管理處簡介。

> 演你的輪迴故事
>
> 風吹砂，多空曠的名字
>
> 比蒼老的歷史更加原始

這是齣空間極「空曠」而時間又極「原始」的輪迴故事。訴說的是地球地質的
演化過程，比起人類「蒼老的歷史」，又「更加原始」而夐遠了。

5. 月世界

前面幾首都是用佛教的輪迴觀去譬喻景物，〈夢的拉鍊——月世界〉（〈鏡
中天地——題我存攝影十題〉收在《安石榴》），則是用佛家的因緣說來寫景：

> 上面是累來疊去的石頭
>
> 下面是無漣無漪的水面
>
> 中間是一條分界線
>
> 　也可以叫岸
>
> 　也可以叫拉鍊
>
> 從潭的這邊到那邊
>
> 把粗糙的現實與平滑的夢
>
> 　拉攏
>
> 　成因緣

臺灣有多處景點以「月世界」為名，其中著名的有三處：高雄的「田寮月世
界」、「燕巢月世界」以及高雄與臺南左鎮交界的西拉雅國家風景區「草山月
世界」。所以稱「月世界」，乃因其地質是由泥岩（或稱白堊土、青灰岩，臺語
稱「白墡格土」）所構成。泥岩上覆蓋著大約 2～10 公尺的礫石層或粉砂層。
這種泥岩吸水後會軟化，表面結成糊狀，乾燥時成龜裂狀，遇水則容易脫落流
失。平均一年因下雨或溪水沖蝕而流失掉的泥層達 20～30 公釐，裸露區更達
60～80 公釐。若遇豪雨則隨之崩塌，甚至「走山」，所以地層極不穩定。在地
質學上，稱它是寸草難生的「惡地」。其上水系複雜，溪水切割鬆軟的泥層，
形成大小不一的蝕溝及光禿、刃嶺式的山脊（尖鋒利脊），與下面的河谷櫛比
鱗次。〔註56〕泥岩表面呈灰白色，又含發光的礦物質，夜晚在月光的照射下，
隱約發出熒光點點，有似廣漠寒宮，故名「月世界」。

余光中將月世界以現實與夢境視之：生活的現實如月世界鋸齒嶙峋的山

〔註56〕所謂刃嶺式山脊，是地質經風化侵蝕，山壁後退，山脊逐漸被削薄，形成尖銳
　　　　鋸齒形狀的橫長山脊。

脊，那些「累來疊去的石頭」，是那麼「粗糙」地折磨著人。偶而捨岸登筏，像拉起拉鍊那樣地，把夢想與現實拉合在一起，這樣就能從現實划入「無漣無漪的水面」——划入順溜、平滑的夢境。如此把現實與夢想「拉攏」在一起，讓它們有「緣」相會——很有「緣」地在一起，讓夢想軟化現實的粗糙與芒刺。「有夢最美」，現實有了夢想的美化，那麼現實的粗惡、毛刺，就可以忍受了。只要把潭這邊的現實，至潭那邊的夢境，像拉鍊密合無間地拉合在一起、接攏在一處，這世界就是月世界了。

第七章　余光中臺灣詩中的「品物志」

　　「品物」者，萬物也，泛指動物、植物、礦物……等東西，本章將余光中詠寫動物、植物與藝品文物等列於此章，分動物、植物與藝文活動或藝品三節論述。

　　《文心雕龍‧物色第四十六》云：

> 珪璋挺其惠心，英華秀其清氣，物色相召，人誰獲安？……歲有其物，物有其容，情以物遷，辭以情發。一葉且或迎意，蟲聲有足引心。

因此中國這種心與物徘徊，「目既往還，心亦吐納」，「隨物宛轉」的詠物詩極多。傳統的詠物詩，不僅要「文貴形似，……吟詠所發，志惟深遠；體物為妙，功在密附。」〔註1〕更要求「以蟲魚草木之微，發揮天地萬物之理」。好的詠物詩必將一物之情，有關乎世理者，詠之入詩，使讀者「由名物度數之中，求合乎溫柔敦厚之旨」〔註2〕，這就是古人詠物的宗旨。

　　詠物詩常以其生動的形象及鮮明的美感吸引讀者，所以好的詠物，要能掌握事物的特性，貼切地描寫所詠之物的形態、光彩與特色。但詩人的筆端不能凝滯於此，他也要像技術精湛的攝影師一樣，將鏡頭深入事物的神魂，傳神地表達其神韵、氣質，以曲盡其妙；也就是說，詠物詩非但要「形似」，還要「神似」。

　　此外，詩人在詩中所表達的詩情理趣也至關重要，也就是章學誠《文史通

〔註1〕上引三句俱見《文心雕龍‧物色第四十六》。
〔註2〕上引二句見《佩文齋詠物詩選》，長春圖書館《館藏國家珍貴古籍全文數據庫》。

義》所說「自出心裁，發輝道妙」。〔註3〕詩人藉著詩，有意無意、或顯或隱地，透過所詠事物表達對人生的態度——或寫其懷才不遇、烈士遲暮的志士之悲，或寄寓高遠之抱負、暗示生命之哲理的家國之憂；抑或是其所詠歌之物，既是詩人的理想、意趣、節操的化身，也是詩旨和形象之所在——故其中情理必須深究。

在此前提下，實物與神理，二者分量的掌握與拿捏，就成為作品成敗的關鍵：

> 傳統的詠物詩，講究的是不即不離，不黏不脫，既要將物狀寫得生動，又得提升精神，不為物拘，而別有寄託，所以要能實能虛，由實入虛，終於虛實呼應，妙得雙關。如果務虛而失其實，就嫌抽象，反之則又拘泥物像，太落實了。〔註4〕

詠物詩要寫得好，必須寫得「不即不離」——詩與所寫事物，雖非等同，也非毫無關係的兩個個別物體。所詠之物既要神采鮮明，又有詩人寄寓之深遠情理，兩者相互輝映，才是成功的詠物詩。可見余光中已深得詠物之精髓。理是抽象的，物是具體的，抽象的理靠具體的物，才有形象附著，從而使義理明朗了起來，這就是「由實入虛」、「虛實呼應」。虛的理要以實的物為基礎，虛實相生，才能使詠物詩寫得深刻入理。

> 一位作家的寫作，不一定從現實生活來，為什麼呢？比如說你看雕刻，看到繪畫，聽音樂，你可以把它用詩寫出來。〔註5〕

余光中的詠物詩，除了詠寫動物、植物外，還有許多觀畫、聽音樂等觀賞藝文活動的詩：

> 題畫詩來源于畫面，但又不為畫面所拘束，它往往是從畫面的內容或其一點生發開去，敷衍成篇，「詩傳畫外意，貴有畫中態」。〔註6〕

可見題畫詩與詠物詩，在寫法上並無差別，可以統稱為詠物詩，今人或稱之為「一個跨藝術形式的互文文本」。

「詩」與繪畫、書法、音樂、陶磁藝器等等，都是不同形式的藝術，詩人將不在眼前的這些視覺或聽覺藝術圖像，以詩將之重新呈現給讀者認識。詩人

〔註3〕章學誠《文史通義》〈校讎通義·宗劉〉。
〔註4〕余光中，〈詩藝老更醇〉《藕神》。（臺北：九歌出版社，2008），頁14。
〔註5〕曹凌雲主編，《雁山甌水：余光中先生溫州行》。（北京：中國戲劇出版社，2011），頁87。
〔註6〕見楊慎《升庵詩話》卷十三。

常用的一個方法是，以示現呼告的語氣，與眼前安靜凝止的視覺（或聽覺）圖像對話，引領讀者「觀看」（或聽聞）這視覺（或聽覺）圖像，各部分的細節；甚至替這個沈默的「視覺（或聽覺）圖像」說話。實際上，在詩的文字背後，詩人已強加自己的論述在這個「視覺（或聽覺）圖像」上，因為對另一位觀畫（或賞樂）者來說，它可能另有一個完全不同的詮釋與領會。有人比之這是像一層不透明的布幕，遮蓋了原作的真象，是不尊重原作，對原作粗魯的改寫或「誤讀」，它「篡改」了「原作」的符號意義。

藝術本就是任觀賞者詮釋的，原作的真實意旨根本難有定論。我們看余光中的這些詠物詩，著重在詩人「閱讀」（或聽聞）了這些視覺（或聽覺）圖像後，如何以文字描寫這些「視覺（或聽覺）圖像」？辨證其文字藝術與原作藝術間有什麼關係？以及詩人如何將之運用在政治、文化和情慾……等等的想像上。

第一節　動物

余光中寫臺灣動物的詩並不多，除第五章臺灣社會事的〈鴨塘〉以鴨群喻臺灣的會議生態，以及生態環保中的〈灰面鵟〉、〈紅尾伯勞鳥〉外，就只有螢火蟲、鷹、壁虎、小青蟲、大白斑蝶、水母與鸚鵡螺等，總計不過十來首。

余光中寫這些小動物，常擬如活人般，各有不同的樣貌，詩人或述相伴之誼，或詠唯美之態，也藉之述志抒情。分別論述如下：

一、情志之抒發

藉動物抒寫情懷，余光中有〈螢火蟲小夜曲〉、〈孤螢〉、〈火金姑〉、〈鷹〉與〈給燕子〉五首，其中〈螢火蟲小夜曲〉、〈孤螢〉與〈火金姑〉都是寫螢火蟲。

（一）螢火蟲

〈螢火蟲小夜曲〉寫於 1951 年 11 月 24 日，收錄在《舟子的悲歌》。詩人將自己虛擬為螢火蟲，以第一人稱的口吻，直抒對「白蒂」（詩中女子）思慕的情懷：

啊！

默默地，默默地，

　　　我在你窗前走過；

　　　不曾提一盞昏火，

　　　也不曾哼句悲歌。

　　　園中有月季朵朵，

　　　花上有露珠顆顆；

　　　露水最濃的地方，

　　　我曾在那兒哭過。

在「幽冷的星夜」、「露珠顆顆」「月季朵朵」的花園窗前，詩人亟想自己能化為「螢光一點」，得以「徘徊」在女子的羅「帳」附近，以償其心願。

　　此詩是余光中最早期的格律詩。詩有四節，每節四句，句法整齊（只有一兩句稍做變化），押韻也很有規律，都是在一、二、四句的韻尾押韻——第二節改為二、三、四句押韻，以做變化，像新月派的格律詩，充滿濃厚的既中又西、既古典又浪漫的氣息。內容只是單純地抒寫情懷，平直、單調，談不上什麼技巧。

　　〈孤螢〉則寫於 1954 年 5 月 17 日，收錄在《天國的夜市》，也是余光中格律詩時期的作品。此詩擬螢火蟲如在眼前，對之傾吐的口吻，述說自己的心志：

　　　當黑夜征服了上界的星河，

　　　征服了下界的群山，

　　　你獨自擎一枝小小的火把，

　　　向黑夜的帝國挑戰。

　　　我，萬物之靈的我應向你學習，

　　　像我要學習伏爾泰，〔註7〕

　　　像我要學習普羅米修斯，〔註8〕

　　　學習布魯諾和雪萊。〔註9〕

螢火蟲「自擎一枝小小的火把」，挑戰「黑夜」；詩人以此自勵，奮袂攘襟地「要學習伏爾泰」、「要學習普羅米修斯」、「布魯諾和雪萊」。用「黑夜」帝國與螢

〔註7〕伏爾泰（François-Marie Arouet，又名 Voltaire，1694～1778 年），法國啟蒙時代的思想家、哲學家、作家，被尊為「法蘭西思想之父」。

〔註8〕普羅米修斯，古希臘語：Προμηθεύς，是提坦神族的神明之一，名字的意思是「先見之明」（forethought）。

〔註9〕布魯諾（Giordano Bruno，1548～1600），義大利籍的牧師，否定上帝創造世界、創造地球以及地球是宇宙中心的觀點，最後被燒死在火刑柱上。

火蟲的大小、明暗對比，正如自己與伏爾泰、普羅米修斯、布魯諾和雪萊等先賢。這時期的余光中，受英詩的啟迪很大，因此：

> 筆尖所沾，不是希頗克靈的餘波，便是泰晤士的河水，所釀也無非
>
> 一八四二的葡萄酒。〔註10〕

詩的內容大多是這種浪漫情志的抒發。總之，仍是步武五四新月的後塵，但詩藝仍未成熟。以此詩為例，詩人雖用了對襯、譬喻等修辭技巧，但卻譬喻得不很恰當：詩中的說話人想學螢火蟲挑戰黑夜，一如自己要學習伏爾泰等先賢。詩人自謙是以螢火之光挑戰黑夜帝國，有化不可能為可能的自勵意味，「黑夜」代表困難險阻。這「學習」也蘊含初生之犢不畏虎，有向伏爾泰等前人「挑戰」，超越前賢的意味。這兩層含意都很好，但若是後者，螢火蟲「挑戰」「黑夜」大帝國，伏爾泰等人就是「黑夜」帝國，「黑夜」是負面性的語詞，這些人若是黑夜帝國，則豈有學習效法之理？

　　不管是〈螢火蟲小夜曲〉的抒情，或是〈孤螢〉的奮勉心志，它們終究是余光中啼音初鳴，語氣、筆調或句法都不免生澀、稚幼且僵硬。四十年後（1994年），余光中又寫了〈火金姑〉（收錄在《五行無阻》）。單就題目看，詩人不稱「螢火蟲」（或簡稱「螢」），而選用臺語的「火金姑」，在地域性與心態上，已和格律詩期大不相同了。

　　余光中在此詩後附註曰：「臺語稱螢火蟲為火金姑。這名字跟金急雨一樣美麗動人。」五、六十年前的臺灣，田野間或小河旁，到處都見得到一群群俗稱「火金姑」的螢火蟲，一閃一閃的螢光，把路燈並不普遍的村野，妝點得閃閃爍爍。孩童就在路邊草地抓了許多「火金姑」，放在口袋裡，讓牠們在裡面一閃一閃地竄飛，這是許多臺灣孩子共有的回憶。

　　尤其是夏日午後，一陣西北雨過後，晚間的田野火金姑成群飛舞，好不熱鬧。臺灣童謠〈西北雨直直落〉就是描寫這種群螢紛飛，像一場熱鬧的迎親場面：

> 西北雨直直落，鯽仔魚欲娶某
>
> 鮕鮐兄拍鑼鼓，媒人婆仔土虱嫂，日頭暗尋無路
>
> 趕緊來火金姑，做好心來照路，西北雨直直落

鯽仔魚娶親，鮕鮐兄敲鑼打鼓，土虱嫂是媒婆，火金姑忙著打火帶路，迎娶隊伍就這樣浩浩蕩蕩地，在夏日夜晚的田野繞行，好像整個庄頭老老少少都動員

〔註10〕余光中，《白玉苦瓜・自序》。（臺北：大地出版社，1974），頁2。

起來,大家高高興興地合辦著喜事。這首民謠,把臺灣鄉野守望相助的淳樸民情,藉著尋常可見的蟲魚鳥獸,生動地凸顯出來,極富童趣。

可見此時的余光中,不但常用臺語入詩,臺語對他應已熟稔而且親切,他認同臺語詞語的美,並且很自然地引入詩中。如此詩寫他童年的夏夜,內容應屬懷鄉詩,然而詩人從現在的臺灣憶及當時的童年,其童年不在臺灣,卻用臺語「火金姑」寫他的童年回憶,有其特殊的意涵,故亦舉以論列。

> 為什麼,自從火金姑去後
> 再沒有她的消息了呢?
> 多想某一個夏夜能夠
> 一口氣吹熄這港城
> 所有的交通燈,霓虹燈,街燈
> 那千盞萬盞刺眼的紛繁
> 只為了換回火金姑
> 點著她神祕的小燈籠
> 從童話的源頭,唐詩的韻尾
> 從樹根,從草叢的深處
> 尋尋覓覓,飄飄忽忽
> 一路飛來,接我回家去

這詩全從虛處寫,它不是寫現在臺灣看到的火金姑,而是回想小時候的火金姑──小時候江南的螢火蟲,不叫「火金姑」。現在臺灣夏天的夜晚是見不到火金姑了,[註11] 火金姑走了,「再沒有她的消息了」。詩人懷疑是「交通燈,霓虹燈,街燈」,那「千盞萬盞刺眼的紛繁」,把火金姑趕走的。這促使詩人有一股衝動,亟欲把這些燈「一口氣吹熄」,以「換回火金姑」「神祕的小燈籠」;因為在火金姑「神祕的小燈籠」裏,有童話、有唐詩、有小時候遊戲玩耍的樹根、草叢。這些小時候與「螢火蟲」有關的記憶,現在詩人都很自然地用「火金姑」稱之,沒有江南、臺灣,扞格不入之感,詩人記憶中的童年已有了「臺灣味」。順著思路,詩人跌回小時候有「火金姑」的記憶裏:

> 回到燭台婷婷的身邊
> 那脈脈的白燭,有心又有情

〔註11〕 其實現在臺灣已有許多地方,復育螢火蟲成功的例子,阿里山的達拉伊古、嘉義瑞里、南投日月潭等等,每年都吸引許多賞螢的民眾前往觀賞。

回到母親的蒲扇旁，讓她輕輕

扇著一盤蚊煙的嬢嬢

夜氣的涼涼，蟲聲的唧唧

扇著一首催夢的民謠

唇音低迴，鼻音溫婉

扇著我幼稚的七歲或八歲

扇著滿天的星輝

像一樹豐收的銀杏果

燦爛和燦爛相摩，搖搖欲墜

吹熄所有的燈，火金姑「一路飛來」，接他回到沒有電視機、沒有電話，只有蠟燭與蒲扇的時代——那個有童話、有唐詩的兒時。那裡有「婷婷的」「燭台」，「脈脈的白燭」，既「有心又有情」——既誠心待人又有真情。詩人選用燭臺與白燭，說它們是「婷婷的」與「脈脈的」，就能輕易地把讀者帶進唐詩的世界，那個杜牧「蠟燭有心還惜別，替人垂淚到天明」的詩境裏。那詩境就如水中月、鏡中影般，全都栩栩如生地顯現在詩行裡，完全不著痕跡。

除唐詩外，那裡也有「催夢的民謠」，它「唇音低迴，鼻音溫婉」。詩人這樣描寫，就把母親「溫婉」低哼著兒歌、輕拍著稚兒入睡的情景，隨著「催夢的」童謠，輕輕地在讀者的心中、耳中「低迴」了起來——這童謠是大陸的也罷，臺灣的也行，火金姑都在那裏「尋尋覓覓，飄飄忽忽」。那輕輕柔柔的調子，總把人催入無邊的童話夢境中……。

這首詩運用大量的類疊詞語：「交通燈，霓虹燈，街燈」，強調到處是「燈」。「扇著」蚊煙、「扇著」民謠、「扇著」七、八歲的童年、「扇著」星輝，「扇著」二字不斷地重複，強調母親手中的蒲扇，就是這樣不停地、「輕輕」地「扇著」「扇著」……：扇嬢嬢的蚊香、扇涼涼的夜氣、扇唧唧的蟲聲、扇溫溫婉婉的夢謠、扇七、八歲的我、扇搖搖欲墜如銀杏果的星輝。母親的蒲扇就是這樣有規律地重複著，結果燦爛的星輝在詩人睡眼矇矓中，「燦爛和燦爛相摩，搖搖欲墜」。其實「搖搖欲墜」的，不是「一樹豐收的銀杏果」，而是詩人沉重的眼皮，在母親有節奏地輕搖蒲扇下，童稚的詩人就這樣被扇入了夢鄉……。

詩人除了用不斷重複類詞的方法，產生迴環往覆的效果去經營詩的節奏外，還選用大量的疊詞：「尋尋覓覓」、「飄飄忽忽」、「婷婷」、「脈脈」、「嬢嬢」、「涼涼」、「唧唧」、「搖搖」，增強節奏的韻律，這種雙音節的聯綿詞，所造成

的韻律彷彿就是火金姑上上下下、飄忽不定的飛行韻律。

這些都是詩人冶煉詩藝的爐火，日益純青所展現的美學成果。火金姑飄忽、尋覓的意象，也使詩境成功地營造童年如童話般的意境。更可喜的是，臺語的「火金姑」竟那麼自然地進入詩人童話般的童年，顯見詩人對臺語已不再陌生，也沒有抗拒。「火金姑」已進入余光中的童年裏，牠與余光中實際童年時期的母親，本來是不相連的，童年與母親所看的螢火蟲不叫「火金姑」，現在「火金姑」與詩人的童年——有臺灣味的童年——是那麼自然地相合在一起；這種相合不是「組合」，而是「融合」。余光中把他們融合在一起，「火金姑」與母親的記憶融合，余光中與臺灣也融合了。

可見這時在詩人的意識裡，臺灣與江南，好像已沒有分得那麼清楚的必要。他用木屐寫女兒的童年，用火金姑寫自己的童年，「臺灣」似乎愈來愈生植在詩人心中。〔註12〕

（二）燕子

引發詩人懷思之情的，還有春燕。余光中有〈給燕子〉一首（收錄在《太陽點名》），寫寒冬退去後，燕子成群從北方飛來，停憩在詩人的紅磚長廊上。既是從北方來，不免引得詩人又發癡想：

> 疑是遠自小時候飛來
> 或是更遠，從黃曆或古詩
> 沿傳說一路追來，……

詩人懷疑牠們是從「小時候」、從「黃曆」、從「古詩」，沿著「傳說」，一路追他而來。既說是「一路追來」，這「纖巧不過十五、六釐米」的小傢伙，可有「追」的本事？只見牠：

> 黑影一條，已破空縱起
> 歐幾里德加笛卡爾
> 再怎麼分析都來不及
> ……
> 一鼓翅一剪尾一旋腰身
> 無端就召來海風陣陣
> 將你的輕功送上半空

〔註12〕余光中寫童年的意象，除木屐與火金姑外，還有漂水花，可參見〈漂水花〉（收在《安石榴》）。

燕子身「輕」，循此想牠有「輕功」，再加上有海風助陣，輕易地就飛上了半天高。這一切在詩人看來，是「那麼漫不經心」就達成了，因此詩人稱牠為「小飛俠」。「小飛俠」的本事，不只輕功了得：

> 大氣浩蕩，一切都為你閃開
> 無往不利成冰上的廣場
> 任你恣意地盤來旋去
> 急煞而改向，變速而逍遙
> 即興之舞全憑著藝高
> 透明的軌跡揮霍不盡
> 笛卡爾，潘卡瑞，就算合力
> 用平面幾何與立體幾何
> 大代數，微積分苦算的結果
> 也瞠目其後吧，難以解析

大氣擋不住，只有急閃。天空變成這小飛俠的溜冰場。牠輕巧地「盤來」又「旋去」，可以「急煞」地「改向」、「變速」，浩浩穹空任憑牠逍遙自在地「揮霍」舞技。即使用力學或幾何公式去演算，也沒牠的「飛快」，如此看來，「矯捷」的小飛俠，豈有追得到之理？

> 可是你怎能認出這白頭？
> 怎肯認我做飛的同伴？
> 儘管老來此身仍抖擻
> 我原是燕子磯頭燕呢
> 久成了西子灣頭叟

衰老使詩人的「烏頭」變成「白頭」；「燕子磯頭燕」已成了「西子灣頭叟」——縱使追到了，也認不得了。相見而不相識，恐是離散漂泊的遊子，都得默默承受的，昔日的賀知章，今日的余光中，又何嘗不如此。

（三）鷹

〈鷹〉寫於 1987 年 11 月 7 日，收錄於《夢與地理》，是藉物寫志的好例子。

此詩喻鷹為「遊俠」，視點完全從第一人稱的鷹著眼。一開始就是一股風馳電掣的氣勢：

> 一展翅便驚動呼喝的狂飆
> 從背後一陣陣追到

> 錯愕的雲來不及閃躲
> 天空已斜了過來
> 旋成一盤又一盤漩渦
> 大地在翼下也旋著
> 一隻翻滾的小陀螺

一「展翅」入空，便「驚動」風，在其背後一路地「狂飆」「呼喝」，猛追不捨，這是同類相吸吧！而另一個在天空的雲，則「錯愕」地僵立在那裡，「來不及閃躲」。詩人藉著天空的「風」與「雲」這兩樣東西──雲「錯愕」、風狂呼───一動一靜地側寫鷹奮翅高舉，馳騁天際，令人驚心動魄的場景。其後是猛地轉身俯衝，就更令人驚駭了：天空斜「旋成一盤又一盤漩渦」；而「在翼下」的大地，就像「一隻翻滾的小陀螺」，也在「旋著」「旋著」……。這完全是從莊子〈逍遙遊〉描寫大鵬，「怒而飛」「摶扶搖而上者九萬里」去想像，想像牠振翅高飛，雲駭風驟的情景。視點都是第一人稱的鷹，想像力豐富，描寫也極精采生動。

> 只想試探這兩翼的耐力
> 把下面那青白的大球
> 能拋到多遠，多小
> 帶著惡夢與喧囂
> 從峰頂到雲巔，讓我攀援
> 讓我的眼稜冒著風霜
> 歷練出炯炯的遠見
> 讓我攀升，突破最後一層雲
> 畢竟，我遺傳了大鵬的雄心
> 半途絕不能放棄
> 要追問祖先無畏的遠征
> 當初究竟是飛達
> 怎樣的高度才變成
> 訛傳至今的驚險神話

牠「遺傳了大鵬的雄心」，絕不半途放棄。牠要「試探」「兩翼的耐力」：其一，能把地球這「青白的大球」、「惡夢與喧囂」，「拋」得多「遠」，甩到多「小」；其二，「突破最後一層雲」，像祖先那樣，「水擊三千里，摶扶搖而上者九萬里」。

　　天空那「無窮盡的蒼青」是牠的試練場，牠「從峰頂到雲巔」，「眼稜冒著風霜」，層層「攀援」，「炯炯的遠見」就是這樣練就的。詩人用眼睛——「炯炯」的眼神與衝冒霜雪的眼眶——那股堅毅不撓的神情與個性，就自然地浮出文字了。

　　此詩以「遊俠」為意象，超然無私，完全沒有「霸住」「長空」的企圖。天空只是牠的試練場，牠要驗證祖先那種衝天的本領，是否真是鳥類飛昇的極限。「最後一層雲」，到底是在怎樣的高度？《莊子·逍遙遊》中的「九萬里」究竟有多高？大家都說鵬飛九萬里，搏扶搖直上，是不可能的神話。那種「驚險（的）神話」是怎樣「訛傳至今」的？

　　詩人以獨白的方式表達鷹的心志，實則正是詩人的心志。鷹的追求正是詩人的追求，鷹之企圖正是詩人的企圖。

二、燈下之同伴

　　余光中將其桌燈喻為桌上的燈塔，〔註13〕在這盞孤燈下，詩人常工作到半夜，偶有小動物攀在透明的玻璃窗外，與之共守孤夜而成良友。其一為壁虎，詩人喻之為牆頭隱士與獨行的灰衣客；其二則是小青蟲。

（一）壁虎

　　壁虎為「守宮」之別名，以其常守伏於宮牆屋壁，故名。又名蝎虎，臺語則稱「蟮蟲仔」，大多在夜間活動，是臺灣住家牆壁常出沒的一種蜥蜴，臺灣俗諺稱牠是：

> 盡職的老師
> 每暗佇天棚巡頭顧尾（意即：每晚在天花板巡邏）
> 看我有貧惰無（意即：看我是否偷懶）〔註14〕

　　余光中寫壁虎有兩首，前後相差三十四年，〈給壁虎〉寫在 1953 年（收於《藍色的羽毛》），是他格律詩時期的作品：

> 你是我牆頭的一個隱士，
> 但是你不曾狂嘯傲世。
> 夜夜你斜伏在我的牆頭，
> 靜靜地望著我寫新詩。

〔註13〕見余光中〈高樓對海〉一詩（收在《高樓對海》）。
〔註14〕柯柏榮，《內籬仔的火金姑》。（臺南：臺南縣政府，2010），頁 74。

　　偶而我寫出了警句一行，

　　猛抬頭想招你共來欣賞，

　　你卻給我的笑聲驚退，

　　掉過尾便向洞裡躲藏。

此詩擬壁虎為「牆頭的一個隱士」，句式是「主詞＋動詞＋受詞」的散文句式，各句末都標有標點符號，押韻是 a a b a 的形式，似絕句的押法，擬壁虎就在跟前，對之直抒情懷，總之，不脫新月遺風。

　　另一首〈壁虎〉則寫於 1987 年 10 月 19 日，收錄於《夢與地理》。詩人說多少深夜牠攀伏在窗玻璃外，「在上面相窺」陪伴，這「不眠的禁衛」「是為誰守宮呢」？詩人的書房既非「藝術之宮」也非「象牙之塔」，只是極普通的讀書人「苦練的書房」，而牠卻：

　　背著一夜的星斗，五臟都透明

　　小小的生命坦然裸裎

　　在炯炯的燈下，全無戒心

如此坦誠相見，感動詩人，於是「寂寞相對的主客」，「結為垂直相交的伴侶」：

　　跟你一樣我也是獵戶

　　也慣於獨征，卻尚未練成

　　一撲就成擒的神技，像你

　　……

　　雖然你屬虎而我屬龍

　　你捕蠅而虎嘯，我獲句而龍吟

　　龍吟虎嘯未必要鬥爭

這江湖二俠——龍兄虎弟——彼此所走的路數不同：壁虎「屬虎」，「捕蠅而虎嘯」；詩人「屬龍」，「獲句而龍吟」。虎自虎嘯，龍自龍吟，可以相安「未必要鬥爭」。詩人描述這位「獨行的灰衣客」，其了不得的功夫本領：

　　獨行的灰衣客，履險如夷

　　走壁的輕功是你傳授的嗎？

　　貼游的步法，倒掛的絕技

　　什麼是懼高症呢，你問

　　什麼是陡峭，什麼是傾斜？

　　仰面矗起的長夜

　　　　任你竄去又縱來

　　　　細尾倏忽在半空搖擺

　　　　蚊蠅和蜘蛛都難逃

　　　　你長舌一吐，猝到的飛鏢

就像武俠小說的場景一樣：獨行的灰衣客有「走壁的輕功」、「貼游的步法」、「倒掛的絕技」，陡直的牆壁對他來說，既不「陡峭」也不「傾斜」，因為他根本不「懼高」，所以總是「履險如夷」。在「仰面矗起的長夜」，他來去自如，「竄去又縱來」，「細尾倏忽在半空搖擺」，「長舌一吐」有如「猝到的飛鏢」，「蚊蠅和蜘蛛都難逃」被吞下肚的命運。詩人說長夜是「仰面矗起」，既是從壁虎的角度說，也是詩人從夜窗觀看壁虎的視角，「長夜」因此具體、垂直了起來，使這樣的「長夜」格外生動傳神。

　　此詩可算是為壁虎兄弟做的「一篇小傳」。詩人與壁虎情義相挺，好似杜光庭描寫風塵三俠（李靖、紅拂女與虬髯客）相識相知的〈虬髯客傳〉一樣，饒有趣味。

（二）小青蟲

　　〈共燈〉寫於 1998 年 2 月 24 日，收錄於《高樓對海》。

　　詩人和小青蟲的邂逅，是在一個「初夏乍暖」的晚上，牠們飛來，隔著窗，與詩人分享桌燈的光明。詩中的小青蟲，詩人不知這些「小飛客們」叫什麼，只說「昆蟲學叫你們什麼名字」做交代，也不知道牠們來自何處，又將「飛去何處」。小青蟲與詩人並不相知，他們有的只是隔著一片「透明」的窗子，有「一夕」「共燈」的緣分。詩人描寫這些小青蟲：

　　　　青嫩的微軀向我袒腹

　　　　沿著長窗垂直的峭壁

　　　　辛苦地落下又再爬起

　　　　六足纖纖不勝其繁忙

牠們「熱鬧而又興奮」地貼著「玻璃的背面蠕蠕攀爬」，毫不知情地將「青嫩的微軀」向燈主人「袒腹」。垂直的長窗有如「峭壁」般，小青蟲「辛苦地落下又再爬起」。只見牠們纖細的六隻小腿，跌了又爬，爬了又跌，「不勝其繁忙」。像極了人生，也是這樣的「白忙」一場。

　　詩人凝望的眼睛就在此時，「無意間」瞥見小青蟲「後面神祕的星空」——藉「眼睛」把情境過渡到窗外小青蟲背後的夜空：

> 隔著一扇奇幻的天窗
> 眾星灼灼也瞥見了我，一隻
> 無端的小青蟲，不知
> 叫什麼名字，為何在此
> 更不知再一瞥，已過千年
> 小青蟲也罷，燈主也罷
> 又統統都去了，哦，何處

一簇簇晶亮的星羣美得惑人，可是跟小青蟲一樣，詩人也不知道「天文學叫他們什麼名字」，那星輝「從何年開始」、「要亮到幾時」？那亮晶晶的光輝和地球，至少隔了好幾百萬甚至幾億光年，這麼遙遠的距離，其間也只是隔著一扇「天窗」而已，「灼灼」眾星也正在窺覷著詩人呢！我看小青蟲，眾星看我也是像小青蟲——不知名，不知來處，「為何在此」，欲往何方。「更不知再一瞥」，已是千秋萬載了，而「小青蟲也罷，燈主也罷」，更不知在「何處」了。

詩人在此寓有兩層感慨：第一，自己在浩渺的宇宙、眾星的眼中，只像是「一隻無端的小青蟲」而已，可說是渺小得微不足道。第二，眾星的「一瞥」，在人間「已過千年」，則自己在時間的長河裡，也是如「朝菌不知晦朔，蟪蛄不知春秋」般，〔註15〕稍縱即逝，一下子就「統統都去了，哦，何處」。這兩層感慨，曹阿瞞苦過，李太白吟過，東坡〈赤壁賦〉裡的吹簫客也吹過。我們確實是「寄蜉蝣於天地，渺滄海之一粟」，詩人確實有「哀吾生之須臾」，羨眾星之無窮的感慨。詩人與小青蟲「共燈」，實則寓含兩者其實是一樣的生命體——一樣渺小，一樣易逝，一樣地微不足道。王國維《苕華詞·浣溪紗》說：「試上高峰窺皓月，偶開天眼覷紅塵，可憐身是眼中人」，正是詩中人心情的寫照。〈共燈〉正是這樣地由「小」青蟲說「大」道理，藉著一隻小青蟲帶出千古的感慨——不能「挾飛仙以遨遊，抱明月而長終」地永存不朽。

這種以小說大的手法，錢鍾書在《管錐編》中，名之曰「分身」：

> 分身以自省，推己以忖他。寫心行，則我思人，乃想人必思我。……
> 寫景狀，則我視人，乃見人適視我。……皆用倩女離魂法作詩也。
> 〔註16〕

〔註15〕見《莊子·逍遙遊》：「小知不及大知，小年不及大年。奚以知其然也？朝菌不知晦朔，蟪蛄不知春秋，此小年也。楚之南有冥靈者，以五百歲為春，五百歲為秋；上古有大椿者，以八千歲為春，八千歲為秋，此大年也。」
〔註16〕錢鍾書，《管錐編》〈一〉。（臺北：書林出版有限公司，1990），頁113～116。

這種己思人思己，己見人見己的手法，卞之琳〈斷章〉也用過：

> 你站在橋上看風景
>
> 看風景的人在樓上看你
>
> 明月裝飾了你的窗子
>
> 你裝飾了別人的夢

主客易位，能將心比心，以己度人，那種感同身受的同理心，更能感染讀者，將普世的情懷往更高闊的境界推開。

三、唯美之傑作

詩人也有從審美的角度去詠寫動物的，如大白斑蝶、海洋生物博物館的水母與鸚鵡螺。

（一）大白斑蝶

〈大白斑蝶〉寫於 1986 年底至 1987 年初之間，是〈墾丁十九首〉之第十八首，收錄於《夢與地理》。

詩人喻大白斑蝶是上帝「唯美的使徒」，看著他翩翩飛舞於花叢中，不禁讚嘆：

> 多自由啊，唯美的使徒〔註17〕
>
> 這麼翩翩地素妝而舞

這裡說大白斑蝶「素妝」，純是從牠的名字「大白斑蝶」之「白」而來，實則牠在白底上，有無數美麗的黑色斑點花紋。牠們終日穿梭在花叢中，花就是牠們的世界。詩人語帶羨慕地詢問大白斑蝶，William Blake 說：「To see a world in a grain of sand/ And a heaven in a wild flower,」，〔註18〕妳天天逡巡在花叢中，「一朵花真的是一個天國嗎？」究竟要探多少個天國，（妳）才（會）滿足呢？詩人巧妙地將 William Blake *Auguries of Innocence* 一詩中的哲思引入，大大提高了詩的深度。

臺灣被譽為「蝴蝶王國」。蝴蝶是一種「完全變態類」的昆蟲，牠的生命須經過四個「變態」階段：受精卵→幼蟲→蛹→成蟲。其生命的長短依種類而

〔註17〕 「使徒」起先是指基督教稱耶穌的弟子約翰、彼得等十二人為使徒，後泛稱被耶穌派遣，奉上帝之命以傳教救人的人。

〔註18〕 這幾句詩出自 William Blake 的一首名為 *Auguries of Innocence* 的詩，詩的前四行：「To see a world in a grain of sand/And a heaven in a wild flower, /Hold infinity in the palm of your hand/And eternity in an hour.〔……〕」

有別,短則七天,長則兩年。據研究這和牠生長的環境有關。生活在季節變化
劇烈的蝴蝶,色彩暗淡無華,壽命較長;生活在副熱帶或熱帶地區的蝴蝶,顏
色則鮮豔美麗,一般只有七到四十五天的生命。蝴蝶喜歡在白天活動,晚上或
陰雨天,則飛到深山,停在密葉背面休息。此外,嚴冬或是盛夏,是蝴蝶的休
眠期。於是詩人從其生命史著筆:

> 這世界,你辛苦地爬來
> 就應該瀟灑地飛去
> 乘春天還年輕,飛吧
> 飛回哲學家正甜的午夢
> 一路要提防,切莫闖進
> 昆蟲學家採標本的袋網
> 讓一根無情的針
> 穿腸成唯美的栩栩如生

先前妳是毛毛蟲,「辛苦地爬來」;如今你蛻變為蝶,「就應該瀟灑地飛去」。
辛苦地來,瀟灑地去,這不是也隱喻「人」生嗎!趁著「春天還年輕」的「青
春」時節,回到「哲學家正甜的午夢」去吧!讓妳這「唯美」的形象,由實
入虛,永遠「栩栩然」活在莊周的夢中,「自喻適志」,逍遙自在。〔註19〕寧
願絢麗多采地過一生,也不要殘了嬌顏,敗了姿色,這樣可就有損「唯美使徒」
的名號了。

在此,詩人不但引用莊周夢蝶的典故,再次深化詩思,又別出心裁地將李
商隱〈錦瑟〉詩:「莊周曉夢迷蝴蝶,望帝春心托杜鵑」〔註20〕之情意,若有
似無地栽入詩中。由虛返實地提醒大白斑蝶,回夢途中需提防「昆蟲學家採標
本的袋網」。他「無情的針」,可是會讓妳「穿腸成唯美的栩栩如生」呢。「唯
美的栩栩如生」不僅指昆蟲學家的蝴蝶標本,製作得多麼生動、自然、美麗,
也讓人想起李商隱那些〈無題〉的愛情詩,也是「唯美的栩栩如生」。「無情的
針」令人「穿腸」而死,這種「唯美」的愛情「栩栩如生」地與李商隱的情詩,

〔註19〕《莊子・齊物論》:「昔者莊周夢為胡蝶,栩栩然胡蝶也,自喻適志與!不知周
也。俄然覺,則蘧蘧然周也。不知周之夢為胡蝶與,胡蝶之夢為周與?周與胡
蝶,則必有分矣。此之謂物化。」「喻」,同「愉」。「適志」,快意。
〔註20〕李商隱〈錦瑟〉:「錦瑟無端五十弦,一弦一柱思華年。莊生曉夢迷蝴蝶,望帝
春心托杜鵑。滄海月明珠有淚,藍田日暖玉生煙。此情可待成追憶,只是當時
已惘然。」

融合在一起。「栩栩」然把莊周夢蝶與〈錦瑟〉這兩個典故,全融合在一塊兒,情中有理,理中有情,情理交融,更添無限綺思。

此詩「因為哲學家、夢、栩栩等字句而豐富了人文意蘊」,〔註21〕詩人以大白斑蝶是上帝「唯美的使徒」,從天國遷移來人間。又明用莊周夢蝶典故,暗用李商隱〈錦瑟〉詩之情意,化入昆蟲學家製作蝴蝶標本事,大白斑蝶「唯美的使徒」形象,與淒美的愛情故事相互融合,在「唯美」與「愛情」之間,有若無、實若虛地蕩漾在詩中。

(二)海洋生物博物館的水族

國立海洋生物博物館位於屏東縣車城鄉,是亞洲第一座海洋生物博物館。館內設臺灣水域館、珊瑚王國館與世界水域館等三大主題展示館。余光中為博物館題詩兩首,其中〈你想做人魚嗎〉受展示空間所限,得詩人首肯拆為二首,重新命名為〈推開玻璃門〉及〈比夢更神奇〉,題刻於「臺灣水域館」入口兩側的牆壁上。〈水世界三題〉之三〈海不枯,石不爛〉,鑴刻於世界水域館「古代海洋展示區」之入口處。〔註22〕

〈水世界三題——海洋生物博物館〉寫於 2006 年 2 月 23 日,收錄於《藕神》。此詩分三個小題介紹海洋生物博物館,其中第一、二小題是〈水母〉與〈鸚鵡螺〉。

1. 水母

水母是無脊椎動物,屬動物結構最簡單的腔腸動物門,海葵、珊瑚、水螅,都屬這一類。詩人將水母喻為身著白紗長裙,跳著死亡之舞的「美豔海妖」:

> 美豔的海妖,姿態曼妙
> 柔而無骨,白紗的長裙
> 隨海流婆娑起舞
> 冉冉飛升是一朵晴雲
> 翩翩下降是一頂跳傘
> 切莫拜倒在她的裙下
> 裙邊多刺,一針,就不治

〔註21〕黃維樑,〈1980 年代以來余光中的鄉土詩〉《世界華文文學的新世紀》。(長春市:吉林大學出版社,2006),頁 340。

〔註22〕詳見國立海洋生物博物館網站 2010.10.30,網址:http://www.nmmba.gov.tw/index.aspx。

詩人極盡能事地形容其舞姿:「姿態曼妙」、「柔而無骨」,這樣「隨海流婆娑起舞」的姿態,像極了穿著草裙,扭腰擺臀的夏威夷女郎。還不時地借風使浪,時而「冉冉飛升」,像「一朵晴雲」;時而「翩翩下降」,又像「是一頂跳傘」。

水母整個軀體由三部份構成:圓傘狀或鐘狀的身體、觸手器和口腕。其觸手和身體上都佈滿刺絲囊。這些刺絲囊可以在幾毫秒內,迅速螫傷或殺死獵物。所以「切莫拜倒在她的裙下」,因為牠的「裙邊多刺,一針,就不治」,詩人以「死亡之舞」形容,可謂切近的當。

> 但死亡之舞卻不堪風浪
> 自遠洋來襲,她能預感
> 次音波傳來的騷動
> 收到十三赫茲的高頻
> 及時,遁入海底的祕宮

水母有極敏銳的聽神經,其觸手有一個小小的器官,是水母的「耳朵」,能預報海洋風暴。當海浪和空氣磨擦,產生的次音波衝擊水母時,便會刺激周圍的神經感受器;所以,風暴來臨前的十幾個小時,牠們就已接到信息,從海面迅速消失。因此,詩人說牠能「收到十三赫茲的高頻」「次音波傳來的騷動」,〔註23〕「她能預感」「風浪」「自遠洋來襲」,「及時,遁入海底的祕宮」。

2. 鸚鵡螺

與美豔的舞孃水母相比,鸚鵡螺則顯得文靜許多,詩人說牠是海神的孩子。鸚鵡螺被稱為活化石,在距今五億多年前,地質學家所稱的「寒武紀」就出現了,〔註24〕所以詩人說:

> 海神說,多聰明的孩子
> 是我,寒武紀前所親生
> 要等五億年凡人才領悟
> 潛艇怎樣學牠的泳姿

〔註23〕所謂「次音波」是指波頻在 20 HZ 以下,人耳不能聽到,若其能量巨大,將使人體死亡。這是因為次音波會干擾人的神經系統功能,一定強度的次音波,能使人頭暈、噁心、嘔吐、喪失平衡感,甚至精神沮喪。而「超音波」的波頻在 20000 HZ 以上,人耳也不能聽到。簡單地說,「次音波」與「超音波」是聲波的振動頻率不同所致。

〔註24〕「寒武紀」是地質時代「古生代」的最早時期,時間約在 5.7 億年前至 5.1 億年前。

五億年後，人類發明潛水艇就是利用鸚鵡螺浮沉的原理，所以詩人才說潛水艇是「學牠的泳姿」的。

鸚鵡螺的形狀，由外往內看：

> 盤旋自蜷，周身沒一條直線
> 無樓的軀殼分成
> 一扇扇弧形的隔間
> 用一條密道串聯
> 充水，就匍匐地潛下
> 鼓氣，就飄飄地騰升
> 外殼起伏著紅褐的波紋
> 殼內孕著真珠的光潤

鸚鵡螺的外殼是「紅褐的波紋」，高高低低地「起伏著」；形狀則像自我「蜷」曲般，呈螺旋形一路「盤旋」而上，「周身沒一條直線」；殼內壁則是真珠層，「光潤」得彷彿「孕著真珠」。裡面「分成」「一扇扇弧形的隔間」，「用一條密道串聯」。鸚鵡螺殼內，是由一道道弧形的隔膜，分隔成約三十多個殼室，除軀體所居的大殼室外，其餘則用以貯存氣體稱為「氣室」。每個隔膜中央有一小孔，由串管把每個氣室串連在一起，隨時調控各氣室氣體的量，鸚鵡螺通過串管的局部滲透作用，緩緩排出氣室中的液體，從而使身體得以上浮；如果將海水壓入氣室，身體就因重量而下沉，「充水，就匍匐地潛下／鼓氣，就飄飄地騰升」，牠們是海中的潛水艇。

鸚鵡螺有很多觸手（或稱「觸鬚」），最多可達 90 多根，可以自由伸縮，作用是捕食與爬行，但是觸鬚沒有吸管（或稱「吸盤」），詩人將觸手比做「穗絲」：

> 穗絲排著六十對觸手
> 捕食過後就攀在岩上
> 不讓自己在夢中漂走

鸚鵡螺通常在夜間活動，白天則以觸手握在海底岩石上歇息。除了能靠充氣的殼室在水中浮沉外，也「可以倒游」，採漏斗噴水的方式「急流勇退」。牠能夠適應海中不同深度的壓力，可以生活在海洋表層，也可以在五、六百米深的海底。所以詩人說牠：

> 一對大眼睛，可以倒游
> 畫伏夜出，從五百米深處

粗看此詩，似散漫無章法：從殼的外形內構，帶出鸚鵡螺能「潛下」「騰升」的原理，就煞住不說了。轉而說外殼內殼的顏色與花紋、「穗絲」狀觸手的功能、有對「大眼睛」、「可以倒游」、在五百米深處「晝伏夜出」，最後才藉海神的嘴巴，說出牠出現的時代，讚美鸚鵡螺是「聰明的孩子」，因為要等五億年後，人類才領悟牠的泳姿原理，發明潛艇，這樣又轉回到鸚鵡螺沉浮的能力上，並做結束。鸚鵡螺能潛能升是詩一開始就說的，中間的「可以倒游」與最後潛艇是學其「泳姿」，講的都是鸚鵡螺的游行方式，為什麼分散在三處說？粗看起來，好似散亂無組織，因為詠物詩描寫事物，本就無一定規則規定什麼先說，什麼後說，全看介紹人「自以為合理」的安排。

細味這樣的安排，先順著介紹鸚鵡螺裡外的形狀，順理成章地提到牠升降的原理。語氣是淡淡地帶出來的口氣，沒有刻意大張旗鼓地宣揚，雖不是「抑」也不是「揚」。中間用「可以倒游」牽住這條線，使它不斷，既呼應前文，又能與最後海神的稱揚相續，使讀者恍然大悟——原來牠這種升潛的特質，是人類潛艇所仿傚的對象，從而使讚美的氣氛達到最高點，這是「揚」。詩人就讓詩在這種氣氛中結束，既讓讀者興味盎然，也使詩的結構首尾圓合，可說是個好的句點，也見出詩人謀篇布局的能力。

第二節　植物一：花木

一、臺北植物園的蓮花

（一）臺北植物園的紅蓮：與紅蓮的邂逅

余光中自稱第一次「見到」蓮花，[註25] 是在 1961 年，一個煙雨迷濛的十月天。他到臺北植物園訪畫家劉國松未果，[註26] 卻在植物園六角亭旁的蓮池畔，見到蓮花「熒熒的燭燄」。在滿地濕紅的落英中，唯獨它沒有被淋雨澆熄，「豪豔之中別有一派淒清」：

> 醒著復寐著的，是一池紅蓮
>
> 一池複瓣的美

[註25] 「在那以前，我當然早見過蓮，但睜開的只是睫瓣，不是心瓣，而蓮，當然也不曾向我展現它（她？祂？）的靈魂。」見余光中，《蓮的聯想·代序：蓮戀蓮》。（臺北：大林出版社，1977 年再版），頁二。

[註26] 當時劉國松住在臺北市南海路植物園的破廟裡。

> 而十月的霏微竟淋不熄
>
> 自水底昇起的燭焰
>
> （〈蓮池邊〉《蓮的聯想》）

這次的驚豔自此烙印在心版，此後，他尤愛看在驟雨初歇或細雨霏霏中的紅
蓮：

> 等你，在雨中，在造虹的雨中
>
> 蟬聲沉落，蛙聲昇起
>
> 一池的紅蓮如紅焰，在雨中
>
> （〈等你在雨中〉《蓮的聯想》）

這幅「數叢沙草，萬頃江田」，倒映著「水上的華美和冷雋」的畫，這個「綽
約的意象」，從此成了余光中傾心的焦點、余光中蓮詩的中心意象：

> 塞尚的蘋果是冷的，梵谷的向日葵是熱的，我的蓮既冷且熱。宛在
> 水中央，蓮在清涼琉璃中擎一枝熾烈的紅燄，不遠不近，若即若離，
> 宛在夢中央。〔註27〕

它美得讓余光中「再度墜入，墜入／墜入羞怯得非常古典的愛情」中，〔註28〕
產生許多「淒楚的聯想」，渾然忘我：

> 立在荷塘草岸，凝神相望，眸動念轉，一瞬間，踏我履我者是蓮，
> 拔田田之間，亭亭臨風者是我。岸上和水中，不復可分。我似乎超
> 越了物我的界限，更超越了時空。〔註29〕

余光中一整卷《蓮的聯想》就這樣誕生了。在這卷詩集中，他擷取宋詞的美學，
將中國文字在聲音、色彩與各種感官的美感，以及文字符號與意義的連結，刻
意地攪和，重新加以錘鍊、鎔鑄。把他對愛情的想像，靈敏地用這樣新鑄的文
字意象，在詩中渲染出魅力來。他以行動證明，自己回歸傳統，是對古典美學
的挑戰，絕不只是口頭的宣示而已。

　　《蓮的聯想》從〈六角亭〉到〈迷津〉，就是寫他從蓮花所聯想的淒美愛
情故事，是一部超越時空，結局都是別離的愛情詩。詩中女主角是蓮或是蓮
的化身（如織女、西施、甄宓、楊貴妃……），說話者是男主角，背景則多在

〔註27〕余光中，《蓮的聯想‧代序：蓮戀蓮》。（臺北：大林出版社。1977 年再版），
　　　　頁 2。
〔註28〕余光中，〈蓮池邊〉《蓮的聯想》。（臺北：大林出版社。1977 年再版），頁 3。
〔註29〕余光中，《蓮的聯想‧代序：蓮戀蓮》。（臺北：大林出版社。1977 年再版），
　　　　頁 8。

蓮池：

> 例如夏末的黃昏，面對滿池清芬
>
> 面對靜靜自燃的靈魂
>
> ……
>
> 蓮是甄甄的小名，蓮即甄甄
>
> 一念甄甄，見蓮即見人
>
> ……
>
> 凡愛過的，永不遺忘。　凡受過傷的
>
> 永遠有創傷。　我的傷痕
>
> 紅得驚心，烙蓮花形
>
> （〈永遠，我等〉《蓮的聯想》）

這種愛情余光中試圖將它提昇至「歷史化、神話化、玄學化、蓮化」的境界：

> 《蓮的聯想》最高的願望，是超越時空，超越神、物、我的界限。
>
> 它是愛情的歷史化、神話化、玄學化、蓮化。〔註30〕

這種「愛情的歷史化、神話化、玄學化、蓮化」，余光中稱是純東方、純中國式的，與西方的編造神話（mythmaking）不同。其所以說是「愛情的歷史化、神話化、玄學化、蓮化」，是因為蓮花：

> 死去的都不曾死盡，今年的蓮莖連著去年的蓮莖連著千年前的蓮莖。
>
> 姜白石的前身是杜牧之，小紅走不完十里的揚州路，再回首，綠葉
>
> 已陰陰子已滿枝。〔註31〕

那種淒美，一如蓮花的花開花落，有一定的週期、一樣質性的「美」，所以是「蓮化」、「玄學化」；而歷史上這種淒美的愛情故事一再重演，就像從同一個神話脫胎出來的一樣，所以是「歷史化」、「神話化」──一個愛情神話的原型。

　　他喚蓮的小名為水「仙」，認為水生的花卉中，沒有比蓮花更飄逸、更有靈氣、更自成世界的了───一朵蓮花就是一個完整的宇宙。不管是「雨裏紅蕖

〔註30〕余光中，《蓮的聯想・改版自序》。（臺北：大林出版社。1977年再版），頁3。

〔註31〕余光中，《蓮的聯想・代序：蓮戀蓮》。（臺北：大林出版社。1977年再版），頁10至11。「綠葉成陰」語出杜牧〈悵詩〉：「自是尋春去校遲，不須惆悵怨芳時。狂風落盡深紅色，**綠葉成陰子滿枝**。」又其〈歎花〉詩亦云：「自恨尋芳到已遲，往年曾見未開時。如今風擺花狼籍，綠葉成陰子滿枝。」「十里的揚州路」出杜牧〈贈別〉：「娉娉嫋嫋十三余，豆蔲梢頭二月初。**春風十里揚州路**，卷上珠簾總不如。」

冉冉香」、〔註32〕「波漂菰米沈雲黑，露冷蓮房墜粉紅」，〔註33〕或是「門外野風開白蓮」、〔註34〕「葉上初陽乾宿雨，水面清圓，一一風荷舉」，〔註35〕蓮無時無刻都有一種飄然不羣的風範與情操。

因此，他認為蓮花集藝術、愛情、宗教於一身，是美、愛與神之極致的象徵。〔註36〕在美的方面，他認為蓮的美，沒有玫瑰「Look at me！」的爽朗，總似羞赧低語地說「Don't stare , please.」：〔註37〕

> 西方有一枝病水仙，東方
>
> 有一枝蓮。今夏，我歸自希臘，歸蓮池邊
>
> 因蓮中有你，池中有蓮
>
> 古典東方美的焦點，你的眼
>
> 當美目盼兮，青睞粲兮，你的眼
>
> 你的眼牽動多少柔麗的光。 星移
>
> 海換，領我回東方
>
> （〈兩棲〉《蓮的聯想》）

蓮的這種冷豔，使她成為中國國畫的主題，與莫內（Claude Monet）繽紛激灩的蓮池，形成強烈的對比。

至於愛情，蓮花那種「脈脈荷花，淚眼紅相向」的姿態，〔註38〕總令余光中聯想到西子、巫峽、洛水、華清池，以及《古詩十九首》的〈涉江採芙蓉〉：

〔註32〕 杜甫〈狂夫〉：「萬里橋西一草堂，百花潭水即滄浪。風含翠篠娟娟靜，**雨裛紅蕖冉冉香**。厚祿故人書斷絕，恆飢稚子色淒涼。欲填溝壑唯疏放，自笑狂夫老更狂。」

〔註33〕 杜甫〈秋興八首〉之七：「昆明池水漢時功，武帝旌旗在眼中。織女機絲虛月夜，石鯨鱗甲動秋風。**波漂菰米沈雲黑，露冷蓮房墜粉紅**。關塞極天唯鳥道，江湖滿地一漁翁。」

〔註34〕 〔清〕王士禎〈再過露筋祠〉：「翠羽明璫尚儼然，湖雲祠樹碧于煙。行人繫纜月初墜，**門外野風開白蓮**。」

〔註35〕 周邦彥〈蘇幕遮〉：「燎沉香，消溽暑。鳥雀呼晴，侵曉窺簷語。**葉上初陽乾宿雨，水面清圓，一一風荷舉**。 故鄉遙，何日去？家住吳門，久作長安旅。五月漁郎相憶否？小楫輕舟，夢入芙蓉浦。」

〔註36〕 余光中，《蓮的聯想·代序：蓮戀蓮》。（臺北：大林出版社。1977 年再版），頁 3。

〔註37〕 余光中，《蓮的聯想·代序：蓮戀蓮》，頁 3。

〔註38〕 〔北宋〕晏幾道〈蝶戀花〉：「初撚霜紈生悵望。隔葉鶯聲，似學秦娥唱。午睡醒來慵一餉，雙紋翠簟鋪寒浪。 雨罷蘋風吹碧漲。脈脈荷花，淚臉紅相向。斜貼綠雲新月上。彎環正是愁眉樣。」

> 步雨後的紅蓮，翩翩，你走來
>
> 　像一首小令
>
> 從一則愛情的典故裡你走來
>
> 從姜白石的詞裡，有韻地，你走來
>
> （〈等你在雨中〉《蓮的聯想》）

所以他說「我是商隱，不是靈均，行吟澤畔」，〔註39〕他徘徊在蓮花池畔，流連忘返。那是東方一種「多麼古老，多麼年輕」的愛情，〔註40〕是「羞怯得非常古典的愛情」，〔註41〕與但丁對比特麗絲（Beatrice Portinari，1266～1290）的鍾情一樣，是暗香浮波、似有若無的含蓄情愫。這種情愫能令人魂牽夢縈、神魂為之顛倒，義無反顧。

　　在神性方面，周敦頤比蓮為花之君子，余光中則認為「蓮是有人性有神靈的植物」，「蓮是神的一千隻臂，自池底的腴泥中升起」：〔註42〕

> 前半生是水仙，耽於自憐；後半生情是芙蕖，稍解憐憫。碧落、黃泉、如霧的紅塵、白髮、青山，皆瞬間事。蓮仍是蓮，夏去、夏來，蓮仍是蓮。〔註43〕

他自稱三十六歲以前，如西方水仙花般地自憐，但自從「認識」蓮以後，他知道紅塵俗世如夢一場，只有「蓮仍是蓮」，歲歲年年如一。漢語的「蓮」與「憐」同音，佛家藉蓮象徵其慈悲「憐」憫的情懷，於是有蓮臺、蓮座、蓮經……等等，與佛有關的事物，常以「蓮」相牽繫：

> 愛默森說，沒有人能夠活著見神，可是我見過無數次了，在蓮與蓮間。〔註44〕

余光中深信蓮是集美、愛和神的綜合象徵：

> 諾，葉何田田，蓮何翩翩
>
> 　你可能想像
>
> 美在其中，神在其上

〔註39〕余光中，〈觀音山〉《蓮的聯想》。（臺北：大林出版社。1977 年再版），頁 25。

〔註40〕余光中，〈蓮池邊〉《蓮的聯想》。（臺北：大林出版社。1977 年再版），頁 3。

〔註41〕余光中，〈蓮池邊〉《蓮的聯想》，頁 3。

〔註42〕上引兩句分別出自余光中，《蓮的聯想·代序：蓮戀蓮》。（臺北：大林出版社。1977 年再版），頁 9。

〔註43〕余光中，《蓮的聯想·代序：蓮戀蓮》，頁 12。

〔註44〕余光中，《蓮的聯想·代序：蓮戀蓮》。（臺北：大林出版社，1977 年再版），頁 13。

　　（〈蓮的聯想〉《蓮的聯想》）

蓮的「靜」與「淨」，蓮的「漂浮」（一如「飄忽」）與「空靈」，常交疊湧現在
余光中的詠蓮詩中。余光中將之結合在一起，達到神、人、物，三位一體的「三
棲性」：

> 我的蓮希望能做到神、人、物，三位一體的「三棲性」。它，她，
> 祂。由物蛻變為人，由人羽化為神，而神固在蓮上，人固在蓮中，
> 一念精誠，得入三境。美之至，情之至，悟之至，只是一片空茫罷
> 了。〔註45〕

余光中稱那是一個「古典的自給自足」世界，〔註46〕一種「空茫靜謐」的「禪」
境：

> 惟仲夏的驟雨可飲，月光可餐
> 　覆蛙於葉下
> 承蜻蜓於葉上，維持一池的禪
> 　（〈啊太真〉《蓮的聯想》）

就像鳳凰以五百年為一個週期一樣，蓮也有輪迴的週期，它「以一暑為一輪
迴」：

> 死去的只是皎白酡紅的瓣和擎雨迎風的葉，不死的是蓮。……情人
> 死了，愛情常在。廟宇傾頹，神明長在。芬芳謝了，窈窕萎了，而
> 美不朽。〔註47〕

「輪迴在蓮花的清芬裡」，〔註48〕余光中認定今年的蓮就是去年的蓮。在蓮的
宇宙裏，永恆是「一個玲瓏的圓，像佛頂的光輪」，那個「永恆之輪在紡織時
間」，蓮的宇宙不斷地膨脹著。〔註49〕

〔註45〕余光中，《蓮的聯想·代序：蓮戀蓮》，頁7。

〔註46〕余光中對自己在這裡所稱的「古典」，曾做了說明：「不成熟的看法，會認為古
　　　　典是和現代截然相反的本質。事實上，有深厚古典背景的現代，和受過現代洗
　　　　禮的古典一樣，往往加倍地繁富而且具有彈性。」也就是說，它是指有古典背
　　　　景、受現代洗禮的古典，而不是原封不動、亦步亦趨地復古，是與現代相調和
　　　　後，似矛盾卻相融的古典。見余光中，《蓮的聯想·初版後記》。（臺北：大林
　　　　出版社，1977年再版），頁160～161。

〔註47〕余光中，《蓮的聯想·代序：蓮戀蓮》。（臺北：大林出版社，1977年再版），
　　　　頁8。

〔註48〕余光中，〈啊太真〉《蓮的聯想》。（臺北：大林出版社。1977年再版），頁45。

〔註49〕上引詞句及資料見余光中，《蓮的聯想·代序：蓮戀蓮》。（臺北：大林出版社，
　　　　1977年再版），頁1至14。

（二）高雄澄清湖的白蓮：由紅蓮到白蓮

蓮花、蜻蜓、青蛙、雨、黃昏或月光，是余光中早期詠蓮詩的意象組合，有時候再加上幾隻螢火蟲：

> 如果我是作曲家，我必然以蓮為主題，寫一首交響詩，題名「蓮池的黃昏」。我將以甜甜的木簫奏蓮的清芬，以細碎的鋼琴敲出點水的蜻蜓，以低沉的巴宋鼓葉底群蛙的白腹。最後，釜形大銅鼓上隱隱滾過「芙蓉塘外有輕雷」的意境，小提琴的弦上抖落淒其的、濕漓漓的水鬼們的啾啾。杜步西如果在漢武帝的昆明池濱住過幾個黃昏，該會寫出這種印象派的作品。〔註50〕

連聒噪的蛙鳴也變得悅耳可愛起來：

> 在沒有雀斑的滿月下
> 一池的蓮花睡著
> 蛙聲嚷得暑意更濃
> 這是最悅耳的聒噪
> （〈滿月下〉《蓮的聯想》）

他亟欲親近蓮花，有時想像自己也是其中的一朵蓮：

> 如果你是那朵蓮，太真，讓我做
> 　那朵，在水中央
> 相對而望……
> （〈啊太真〉《蓮的聯想》）

或是他想像自己是一隻蜻蜓，在蓮花旁、在蓮花中，甚至只是停在蓮葉上，只要能親近蓮花，他甘願是一隻小蜻蜓：

> 我在其側，我在其間，我是蜻蜓
> （〈蓮的聯想〉《蓮的聯想》）

> 一隻蜻蜓飛來，蓮池深邃如海
> 驟雨初停，蛙聲起自碎萍
> 這裏是我的愛琴海，是愛情海
> 如一隻蜻蜓，我飛來
> ……

〔註50〕余光中，《蓮的聯想·代序：蓮戀蓮》，頁5。

　　一枝短燭，自晚唐泣到現代

　　仍泣著，因小杜的那次戀愛

　　因此刻我也陷在

　　情網上，塵網上，一隻仲夏的蜻蜓

　　（〈燭光中〉《蓮的聯想》）

　　惟有求佛，賜我四翼，六足

　　　讓我蘸水而飛

　　問每一朵芬芳，它曾是誰

　　……

　　　對於一隻蜻蜓

　　夏即永恆，蓮池即另一天地

　　（〈幻〉《蓮的聯想》）

如此不斷地想像，到最後，詩人甚至是物我不分，就如莊周夢蝶般，「我是岸
上人，是池上蜻蜓？」〔註51〕有時又想乾脆自己游泳過去，即使泅一整個夏天
的水，即使溺斃成為水鬼，也想採到那朵「白」蓮：

　　琴聲疎疎，注不盈清冷的下午

　　雨中，我向你游泳

　　我是垂死的泳者，曳著長髮

　　　　向你游泳

　　仍漾漾，仍漾漾，仍藻間流浪

　　仍夢見採蓮，最美的一朵

　　最遠的一朵，莫可奈何

　　　　你是那蓮

　　……

　　仍展著去年仲夏的白豔

　　　　我已溺斃

　　我已溺斃，我已溺斃，我已忘記

　　自己是水鬼，忘記你

　　是一朵水神，這只是秋

―――――――――――

〔註51〕出余光中〈兩棲〉一詩，收在《蓮的聯想》。

　　　　蓮已凋盡

　　（〈迴旋曲〉《蓮的聯想》）

他可以為蓮殉情，「漂漂成水鬼，成冰膚的鮫人」。〔註52〕而紅蓮已成水神水仙
的白蓮，「冉冉昇起，自寒冽的波上」，〔註53〕一在水上，一在水下。

　　這個缺憾、這樣淒美的愛情故事，從遠古洪荒殘缺到今天，從一個神話的
母胎，不斷地在人世間複製，個中酸楚有若變酸的牛奶：

　　　　去夏已死，去夏的月光

　　　　是已經潑翻的牛奶，在地上

　　　　將去夏的南風，風中的蓮塘

　　　　將月下的蓮房，房中的祕密

　　　　浸在變酸的牛奶裡

　　　　（〈迷津〉《蓮的聯想》）

這種心酸滋味，即使花已香消玉殞，也無以解除：

　　　　蓮已死盡，則佛坐在何處？

　　　　仁慈坐在何處？　我坐在

　　　　何處？　我欲航向彼岸，而四顧

　　　　無一筏蓮葉在望，迷津茫茫

　　　　誰引我遠渡，引我遠渡？

　　　　（〈迷津〉《蓮的聯想》）

詩人在這裡所說的「遠渡」、「欲航向彼岸」，不是欲斬卻情絲，登極樂之境，
因為從下面「無一筏蓮葉在望」來看，他心思凝注處仍是找尋成神變仙後的蓮。
問「佛坐在何處？」「仁慈坐在何處？」非求佛發慈心，引渡其脫離苦情，乃
是求佛發慈悲心，引渡他至蓮之所在處。他這種追尋至愛的心，在詩中仍是至
死不悔、不改的。

　　《蓮的聯想》之後，1988 年秋分的前夕，余光中寫〈雨，落在高雄的港
上〉，描寫在燈光輝映下的高雄港雨景，余光中形容雨夜中的高雄港，如「一
池燦燦的睡蓮／深夜開在我牀邊」。可見蓮的倩影仍美美地留在他心中，他心
中仍戀著蓮，仍想著已「仙」逝為水仙水神的蓮——如今已成金「燦燦的睡蓮」，
開在他的夢中，仍在夢裡陪他，一如以往，只是白蓮有了「金」樣色彩——「金」

〔註52〕出余光中〈迷津〉一詩，收在《蓮的聯想》。
〔註53〕出余光中〈迷津〉一詩，收在《蓮的聯想》。

是不朽的象徵。

　　一年後，余光中再寫蓮花，撇開「煢煢紅燄」的紅蓮，著力寫「潔癖的心房」、「粉金黃」蕊的「白」蓮之美，正好與當年（1963 年）的〈迴旋曲〉接合，當年的紅蓮昇華成水仙「粉金黃」蕊的「白」蓮。

　　那是在高雄的澄清湖，沒有風，沒有「紅尾蜻蜓」，青蛙也遠遠地「在池角」歇著，不鬧了，整個澄清湖好似刻意噤聲：

> 讓幾何美的複瓣，慢慢
> 向無風的黃昏，淡淡
> 吐露白蓮的心事
> 右邊的一朵已經
> 敞開她潔癖的心房
> 正裸裎粉金的黃蕊
> 而左邊的一朵怯怯
> 似乎還不太放心
> 只露出一點點蕊舌
> 在試探周圍的寧靜
>
> （〈鏡中天地——題我存攝影十題〉之〈白蓮心事——澄清湖〉《安石榴》）

這麼小心翼翼地，是為了讓「幾何美複瓣」的白蓮「慢慢」、「淡淡」地綻放開來，像是「向無風的黃昏」吐露「心事」似的。特意說黃昏「無風」，似乎暗示黃昏是不生口角「風」波的：「右邊的一朵」「敞開她潔癖的心房」，「正裸裎粉金的黃蕊」——白淨無瑕的心瓣及灑著粉金的蕊心。既「敞開」復「裸裎」，引人無限的遐想；而「左邊的一朵」怯生生地「只露出一點點蕊舌」「在試探」著……。「飲酒半酣正好，花開半時偏妍」，[註54] 這是「美酒飲教微醉後，好花看到半開時。這般意思難名狀，只恐人間都未知」的情境，[註55] 就像一個不愛說話的女人，「沒有人知道它藏著一個什麼樣的花心」[註56]，因而更吸

[註54] 見李密菴〈半半歌〉
[註55] 此詩為〔宋〕邵雍《擊壤集》卷十〈安樂窩中吟〉其中的一首：「安樂窩中三月期，老來繚得惜芳菲。自知一賞有分付，誰讓萬金無子遺。美酒飲教微醉後，好花看到半開時。這般意思難名狀，只恐人間都未知。」見中央研究院漢籍電子文獻《正統道藏電子文庫資料庫》2010.10.26，網址：http://hanji.sinica.edu.tw/。
[註56] 見於梨華，《變》。

引人。詩人對白蓮的小心呵護之情,從這裡,應是人間盡知了。

　　蓮是余光中心目中的完美情人,是他完美的女性形象。澄清湖的蓮花在1963 年的七夕,他也曾見過。那年余光中三十六歲,坐著朱紅的計程車途經澄清湖,意外地看到蓮花:

> 蓮在現代,蓮在唐代,蓮在江南,蓮在大貝程畔。蓮在大貝湖等了
> 我好幾番夏天,還沒有等老。北回歸線以南,一個早該回歸而未回
> 歸的江南人,在一個應有鷓鴣念經而沒有鷓鴣念經的鷓鴣天的下午,
> 在不像西湖卻令人想起西湖的湖上,轉一個彎,又一個彎,沒有準
> 備看蓮,卻發現自己立在一彎蓮池上。〔註57〕

那地方是澄清湖八景之一的「柳岸觀蓮」。他站在混凝土的橋上,眸光隨心地在蓮與蓮間如蜻蜓飛迴。風來水面,漾起一張一張的清涼,而羣蛙正在深翠的荷葉間酣寐呢。

　　二十六年後,一樣是羣蛙晝寢,「遠歇在池角」,紅尾蜻蜓不在了,風駐足了,「熒熒紅燄」不再,只遺「白」蓮與黃昏。余光中再次寫澄清湖的蓮花,就是這樣地以白蓮向黃昏傾吐心中事為意象,盛讚白蓮的美。說她有「幾何美的複瓣」、「粉金的黃蕊」、有「潔癖」。動作是「慢慢」地、「淡淡」地,有時仍「怯怯」地「似乎還不太放心」的樣子。潔淨無瑕的白,正中綴以粉粉的金黃色。姿態是慢悠悠地、淡雅雅地,當中又帶有些羞怯。

　　此詩的結構,是余光中最擅長的首尾圓合法。從起首的「紅尾蜻蜓都不在」、「青蛙都遠歇在池角」,兩句的「都」字,把整個背景環境聒噪因素都清空了,這是「周圍寧靜」的實景描寫,但並沒有說出「寧靜」二字,是暗說。直到結尾出現「周圍的寧靜」,才將「寧靜」二字點明出來,首尾一暗一明,相互呼應。

(三) 水仙與曇花

　　白蓮之後,這種有純白複瓣、金黃蕊心,潔淨又帶有神性的花卉,在余詩中出現的,還有水仙花與曇花。〈水仙〉詩中寫水仙:

> 半缽清淺就可託潔癖
> 滿室幽香已暗傳風神
> ……

〔註57〕余光中,《蓮的聯想‧代序:蓮戀蓮》。(臺北:大林出版社,1977 年再版),頁 9。

如傘的花序，如雪的

純白，也是六瓣，戴起

金色的副冠多帥氣

……

水仙的節慶，美的凱旋

……

你高擎的那一簇燦爛

　　正是愛神

自驚豔中，誕生

（〈水仙〉《高樓對海》）

六瓣純白花瓣、金色的「副冠」蕊心、幽香帶有「潔癖」，是唯美的化身，也是神仙投胎，這些特色正與前文所述的白蓮相同。再如〈曇花冬至〉描寫曇花開花的經過：

而你，皎豔深裏

像一隻白孔雀，忽然開屏

令夜色暗吃一驚

這奇蹟，竟由我來見證

（〈曇花冬至〉《藕神》）

本來皎潔的花瓣是被深深裏住的，突然間，就「像一隻白孔雀」般地開起屏來了。這種變化，詩人藉夜色去說它「令夜色暗吃一驚」。其實吃驚的是看花與賞花的人，但若直說看花人吃驚，太俗套了，於是改說夜色吃了一驚，而且還是令它「暗吃一驚」，「暗」把夜的「黑」與驚的力道，都暗示出來了。為什麼可以令夜色這麼吃驚呢？後面說出理由來──「見證」了「仙跡」的「奇蹟」。不是奇蹟，怎麼能讓久經黑暗的夜色也「暗吃一驚」。這位花仙子長得怎麼樣呢？

複瓣綻出了金粉迷離

蕾蕊曖昧欲想入非非

最長的一夜，最短的一瞥

奢不可遇而竟然得睹

這仙跡，怎麼留得住呢

留下證據你真的來過

> 除了這一首不明究竟
>
> 是頌詩呢情詩呢還是輓歌
>
> (〈曇花冬至〉《藕神》)

這機會「奢不可遇而竟然得睹」,時間是「最長的一夜,最短的一瞥」,又故意問讀者,這詩該「是頌詩呢情詩呢還是輓歌」?可謂餘波蕩漾,餘韻無窮,暗示賞曇花這事也是如此。

詩人對曇花的描寫,不僅完全具備前述白蓮的特性,甚且還加深情慾的暗示。純白的複瓣變成「皎豔深裹」,這被「深裹」住的皎潔,忽然像「白孔雀」一樣地開起屏來,露出「金粉迷離」的蕾蕊,這些都已是充滿情慾的暗示。「曖昧」與「欲想入非非」二詞,更把暗含的情慾與「性」意涵,點出來了。對照前述對蓮花與水仙的描寫,情愛的意象明顯許多。

人類暗示情慾的意象,常偽裝成形狀相似的物體上。它常帶有一瓣瓣或一摺摺的波紋皺摺,層層裹疊、神祕深邃。可伸縮開闔,似貝類小心翼翼地試探。或似游魚、草履蟲等蠕動的曲線,予人敏感、震顫、強而有力的感覺。又或似豆莢、木棉花殼般——尤其是帶有明顯劃分的縫線及可掀性——總引人欲迸裂、想剝弄、亟思深入探險的衝動,這些都是藝術作品中常見的情慾圖像。

「皎豔深裹」的花苞、似屏風的層層複瓣、遮掩如春夢的金黃蕊心,無一不在象徵曖昧的情慾世界。由此觀之,蓮、水仙、曇花,是詩人的「阿尼瑪」(the anima),〔註58〕是他情愛慾望所投射的理想圖像:

> 她卡上映出複瓣繽紛
>
> 瓣分三層,瓣尖輻射向四方
>
> 從淺黃到深棕,蕊心如太陽
>
> 直到今天還靠在書房
>
> 一座透澈的水晶鎮紙上
>
> 像遠征的足印,又像
>
> 什麼神話坐實的物證
>
> (〈花國之旅〉《太陽點名》)

〔註58〕「阿尼瑪」(anima)是男性理想化的女性形象,「阿尼瑪斯」(animus)則是女性理想化的男性形象。為卡爾‧榮格(C.G.Jung,1875~1961)的原型理論之一。參見胡經之主編,《西方文藝理論名著教程》第二版。(北京:北京大學出版社,2003 第 2 版),頁 145。

這是 2010 年 12 月 3 日，詩人偕夫人參觀臺北花卉博覽會，出關時余夫人所得的花卡，向四方輻射的複瓣，金黃的蕊心，莫不與白蓮、水仙、曇花相合，更足以印證此說。

（四）殘荷心事

余光中的詩中出現荷花的名字，最早是在〈植物園──懷夏菁、望堯、黃用〉一詩中，此詩寫於 1961 年 12 月 28 日，收錄在《五陵少年》。

這首詩寫思友之情，以黃昏時植物園的斜影為背景。在夕陽的照射下，所有的影子都是斜斜、長長的，就像自己側耳聆聽朋友消息的斜斜身影，主觀地感覺雙方距離被拉得特別地長。詩人藉景抒情，用植物園中的荷花殘梗與荷葉，象徵自己的心情與近況：

> 殘梗戟指著一個夏天
> 荷葉的幽靈神經質地夢著──
> 夢一些蜻蜓的複足
> 夢夏的陣雨敲多少黑鍵
> 看荷池的眸子噙多少委屈
> 畢竟這是秋季，航空信的秋季
> 島在風中，風在水上
> 國際郵簡在厚厚的雲上

已是秋季，池中荷花早已凋零，只餘殘莖敗梗似乎在「戟指著一個夏天」。「戟指」將「戟」由名詞轉品為副詞，「戟指」使夏秋之戰，夏天力戰而亡之態，生動活現了起來。夏天已然敗給了秋天，荷花之莖梗一如夏天之戈戟，指向夏天的荷花池，令人不斷地憶起夏天荷花池的盛況。而荷葉又似夏之幽靈般，讓人不由自主地老是重複著同樣的夢境：一些蜻蜓的複足停在荷上、陣雨壞了音樂會的約會……，這些委屈，老讓人望著池子就泫然欲泣……。面對荷池的殘敗，此詩所表現的情緒是激動的，那種情境正是「荷葉生時春恨生，荷葉枯時秋恨成。深知身在情長在，悵望江頭江水聲。」〔註59〕

三十三年後（1994 年 3 月），余光中再寫荷花，詩情已不似前詩的激動，卻還是難掩不忍之情。題名「殘荷」，描寫的對象則側重在荷葉，荷花只在詩末用三句讓人驚豔地煞住，似強力仍想挽住已逝的紅豔，所以劈頭就極力鋪

〔註59〕李商隱〈暮秋獨遊曲江〉詩。

排，仲夏荷葉「曾經」有過的豐美景致：

> 半盤的雨珠，滾過
>
> 滿蓋的月色，托過
>
> 纖纖的蜻蜓，棲過
>
> 閣閣的蛙族，藏過
>
> 田田搖翠的渾圓
>
> 曾經在風裏翻掀
>
> 掀起仲夏的封面
>
> （〈殘荷——題楊征攝影〉《五行無阻》）

「滾過」「半盤的雨珠」、「托過」「滿蓋的月色」、「棲過」「纖纖的蜻蜓」、「藏過」「閣閣的蛙族」，一張張鮮碧、渾圓的荷葉「在風裏翻掀」，像一頁頁都是闊邊「交疊的綠陰」，一路從「仲夏的封面」掀翻到「封底」，把荷葉寫得搖曳多姿，生動極了。而今：

> 只剩下這一池空寂
>
> 縱枯莖舉臂，殘葉握掌
>
> 怎能挽回六月的盛況
>
> ——水鏡開盒
>
>   倒影照豔
>
> 粲然，那許多紅妝
>
> （〈殘荷——題楊征攝影〉《五行無阻》）

荷池只剩「枯莖舉臂」、「殘葉握掌」。「枯莖」對「殘葉」，本就夠蕭條寂寥的了，詩人復將之擬如人般地，以「舉臂」、「握掌」形容，則荷莖之孤寒枯槁，荷葉之乾瘠皺皺，栩栩如生地展現在讀者眼前，非「空寂」而何。

荷池的空寂只佔兩行的篇幅，詩人不忍多寫，馬上又回到仲夏盛景，但不是寫荷葉而是荷花——水如開盒鏡，照見荷花紅粲粲的豔麗倒影。詩尾這三行的荷花盛況與詩開頭荷葉的「曾經在風裏翻掀」，都是荷池六月仲夏的美盛景況，都是過去的事，所以是「虛寫」。只有中間「只剩下這一池空寂／縱枯莖舉臂，殘葉握掌」兩句，是實寫現在「菡萏香消翠葉殘」的景況，這樣「虛」多「實」少的安排，隱約透露詩人雖寫殘荷，然仍不忍多寫其殘敗之景況。

這種不忍之情，隨著年齒漸增也漸次消解，五年後在〈畫中有詩——題劉國松畫六首之五〈荷的聯想〉〉（寫於 1999 年 5 月 23 日，收錄於《藕神》）中，

已入禪境。詩人刻意以今昔對比，把「記得年輕時我寫過一整卷蓮的聯想」，
與「而今老來不料你竟畫一張荷的聯想」這兩句散句，倒裝為似隔句對的四句，
如此不只在形式上有排偶的整齊美，也刻意將你與我、老與少之對比，更加凸
顯，才好順勢表明此刻「老來」的心境：

> 當年的紅豔早已不再
> 紅尾蜻蜓也都已飛走
> 只留下這些闊葉的墨荷
> 還在莫內彩荷的夢外
> 等待一夜無情的雨聲
> 管他秋天啊幾時才來呢
> 情人去後，只留下了老僧
> 獨對蛙靜月冷的止水
> 苦守一池的禪定

「紅豔早已不再」、「紅尾蜻蜓也都已飛走」，這兩句既說畫也說自己——當年
激情迷戀「熒熒紅豔」的心，早已不再了，那份紅辣辣癡迷的心早飛走了。唯
一留下的，一樣「還在莫內彩荷的夢外」（不像其蓮池畫的繽紛多彩）的，是
「這些闊葉的墨荷」——當年的「紅」蓮已然成「墨」荷，還特別強調是「闊
葉的」，顯然仍要讀者把眼睛放在荷葉上。想當年好怕秋來凋盡蓮花，而今「管
他秋天啊幾時才來呢」！為什麼？因為「情人」已去，只留下了「老僧」；昔
日不惜溺斃，變成水鬼的癡情人，現在已是禪定的老僧。現在的「老僧」，獨
對「蛙靜」、「月冷」、「一夜無情的雨聲」，在一池水波不興的「止水」下，苦
苦守著「一池的禪定」。冷月的「白」與墨荷的「黑」構成這首詩的主色。黑
白無華，配上「無情的雨聲」，昔日悅耳的蛙鳴不再，更遑論將月光與杜布西
的月光曲相聯想了。

（五）余詩中的蓮與荷

《爾雅‧釋草》云：「荷，芙渠；其莖茄，其葉蕸，其本蔤，其華菡萏，
其實蓮，其根藕，其中的，的中薏。」茲將郭璞注與郝懿行義疏的說法整理如
下：「荷」是江東人對這種植物的稱呼，也是最普遍的名稱，「芙渠」則是總名，
另有別名「芙蓉」。它的莖叫「茄」，荷的莖下部深入泥中白白的部分稱為「蔤」，
荷的葉叫「蕸」。荷的花叫「菡萏」（若更細分之，則花未發為「菡萏」；已發
則稱「芙蓉」），荷所結的果實叫「蓮」，蓮房中一粒粒的子叫「的」（或「菂」），

也就是今天所稱的「蓮子」。蓮子中心青色的胚芽，味道極苦，叫做「薏」，荷的根叫「藕」。〔註60〕

由上面《爾雅》的解釋看來，中國人所稱的荷花、蓮花，其實是同一種植物。它的花和莖都高出水面，亭亭玉立於水中，今天這種植物被歸類在「水生植物」「被子植物門」（Angiospermae）「雙子葉植物綱」（Dicotyledons）的「蓮科」（Nelumbonaceae）中。〔註61〕

而和它極易被混淆，其花也挺立於水中（但沒有荷花的高），其葉則緊貼於水面，這種稱為「睡蓮」，它被歸類為「水生植物」「被子植物門」（Angiospermae）「雙子葉植物綱」（Dicotyledons）的「睡蓮科」（Nymphaeaceae），〔註62〕莫內蓮池內的蓮花應屬這種。

余光中蓮詩中所說的蓮花，不管從其詩、其文或其所引的古詩詞來看，他所說的蓮花就是荷花，這是不成問題的。至於是否還包括不同「科」別的睡蓮在內，以今日睡蓮在臺灣的普遍性，許多荷花池也兼種睡蓮來看，余光中把它視同蓮花也不無可能。1977 年，大林出版社的大林文庫，所再版的《蓮的聯想》，其封面的蓮花就是睡蓮；2007 年，九歌出版社重排的《蓮的聯想》，其封面則是荷花，是否都得余光中的審訂、認同，不得而知，因無足夠的證據證明，筆者在此擬暫時擱置，不予論斷；然而可以確定的是，《蓮的聯想》與往後余光中所寫的「蓮」詩，蓮花都是這類蓮詩描述的主題與頌讚的主角。

但若是寫入秋以後，蓮田殘敗凋零的景象，余光中則不呼其為「蓮」而以「荷」稱。這現象並非只出現在余氏晚年的作品，如前節所析〈植物園——懷夏菁、望堯、黃用〉一詩，就已如此。

〈植物園——懷夏菁、望堯、黃用〉寫在 1961 年，那時余光中不過三十四、五歲，正是他對「蓮」最傾心的時候，余光中向遠方的友人訴說懷思之情，舉此時其心最關注的蓮花，向友人述說近況，乃是意料中事。十二月植物園的蓮池，自是殘枝斷梗，敗葉折頹。詩人在此詩就不稱「蓮」葉、「蓮」池，而是說「荷葉的幽靈神經質地夢著」，說自己「看荷池的眸子噙多少委屈」，由此不但可以看出他早知道「蓮」、「荷」是同一種植物，寫蓮的殘敗，他是刻意地

〔註60〕〔清〕郝懿行，《爾雅義疏》。（臺北：河洛圖書出版社，1974），頁988～990。
〔註61〕參見中華民國行政院農業委員會 2010.11.19《臺灣水生植物圖誌》網頁，網址：http://www.coa.gov.tw/show_index.php。
〔註62〕參見中華民國行政院農業委員會 2010.11.19《臺灣水生植物圖誌》網頁，網址：http://www.coa.gov.tw/show_index.php。

選用「荷」為名而不以「蓮」稱。

　　二十年後（1981年），余光中寫〈髮神——席慕蓉畫中所見〉（收在《隔水觀音》），說這位住在藐姑射山的神女，「寂寞的空間浮動荷香」——在「她烏絲纖纖的」「波影迴處」，也有「淡淡的荷香」。她「千億萬億的」髮絲，「沸沸滾動」，盤成一圈又一圈的旋渦，「恢恢髮網」將詩人捲入「穠密的洞底」：

> 恍惚中，風，有多長，髮就有多長
>
> 每一陣風來時
>
> 都讓我仰面，閉眼
>
> 領受她細細的髮尖
>
> 在有意，無意間，將我拂癢

被髮神搔拂的，不只是詩人的皮膚，還有詩人的心吧。這位使詩人心癢的髮神，詩人也只以「荷」稱，不以「蓮」許。

　　這種現象在十三年後的〈殘荷——題楊征攝影〉（1994年）與十八年後的〈畫中有詩——題劉國松畫六首之五〈荷的聯想〉〉（1999年），一樣得到印證。二詩一寫「殘荷」，一述「墨荷」，同樣是說「紅豔」去後的冷清淒涼，詩人統統以「荷」稱之。〈殘荷〉仍留戀紅妝照豔、綠陰搖翠，面對「枯莖舉臂，殘葉握掌」的空寂，猶似仍在掙扎似的。而五年後的〈墨荷〉，則徒留臨老孤僧，用「蛙靜月冷的止水」，苦苦守著一池的禪定，是老僧入定、妖魔不侵的禪境了。值得注意的是：即使寫荷田的衰敗，詩人也只說枯莖、殘葉，就是避說花。縱然說到，畫面也會跳回昔日的粲然紅豔，從未見他描述蓮花凋零殘敗的模樣，這是極堪玩味的地方，大有不許人間見殘蓮的意味。

二、高雄繽紛的春天

　　南臺灣的高雄，地處熱帶季風氣候區，即使冬日也不乏陽光照射，春花開得燦爛，玉葉金花、紅仙丹、馬櫻丹、油桐花、黃槐、木蘭……，到處招搖。詩人寫高雄春花怒放，總以港埠與太陽為引子：

> 不知道春天是怎麼入境的
>
> 為什麼海關都攔她不了
>
> 只知道她來時鬧熱滾滾
>
> （〈投給春天〉《藕神》）

高雄海關攔不了，春天就帶著太陽回來了：

> 讓春天從高雄登陸
>
> 讓海峽用每一陣潮水
>
> 讓潮水用每一陣浪花
>
> 向長長的堤岸呼喊
>
> 太陽回來了，從南回歸線
>
> 春天回來了，從南中國海
>
> （〈讓春天從高雄出發〉《夢與地理》）

詩人用這種充滿童趣的兒語，歡欣鼓舞的口氣，描寫高雄人迎接春陽回來的景象。那場面盛大、輝煌，完全是帝王氣魄：

> 顯赫的是太陽的金輦
>
> 絢爛的是雲旗和霞旌
>
> 東經，西經，勾勒的行程
>
> 南緯，北緯，架設的驛站
>
> 等待絡繹繽紛的隨扈
>
> 簇擁著春天的主人
>
> 一路，從南半球回家
>
> （〈太陽點名〉《太陽點名》）

在高雄市區，首先登場的是「最興奮」的木棉樹：[註63]

> 這轟動南部的消息
>
> 讓木棉花的火把
>
> 用越野賽跑的速度
>
> 一路向北方傳達
>
> （〈讓春天從高雄出發〉《夢與地理》）

木棉花是高雄市花，理當由她華麗、壯觀地開場，於是這火樹：

> 是一路燒過去
>
> 滿樹的火花
>
> （〈敬禮，木棉樹〉《紫荊賦》）

[註63] 「最興奮」一詞形容木棉樹，見余光中〈太陽點名〉一詩（收在《太陽點名》）。余光中在〈敬禮，木棉樹〉一詩之詩後記曰：「木棉素有英雄木的美名，不但高大雄偉，合於『高雄』的標準，而且其為形狀，樹幹立場正真，樹枝姿態朗爽，花葩顏色鮮明，肝膽照人，從樹頂到樹根，沒有一寸不可以公開。」木棉在1982年，以一萬六千多票壓倒群芳，當選高雄市花，1986年正式成為高雄市花。

就這樣，木棉花擎著火把，點亮高雄港城的春天：

　　她們不喜歡來水邊

　　或許在高美館集合

　　不然就候在高速路

　　從楠梓直排到岡山

　　（〈太陽點名〉《太陽點名》）

於是春天這隻彩幟繽紛的「亮麗隊伍」，跟著照亮了高雄的大街小巷：

　　一隊沿著民權路，揚著紫荊

　　一隊沿著民族路，舉著木棉

　　當紫荊豔極，落紅滿地

　　木棉就轟轟烈烈地點起

　　（〈投給春天〉《藕神》）

雙方你接我，他接你地，把高雄照得火亮，像極了「一場傳火的接力賽」，整個高雄港城就火紅了起來。而那美美的澄清湖也不遑多讓，早派出探子報春去了：

　　白頭翁，綠繡眼

　　嘀嘀咕咕的鷦鴣

　　季節好奇的探子，報子

　　把消息傳遍了港城

　　（〈太陽點名〉《太陽點名》）

於是一場「太陽點名」的儀式正式開始：

　　「南洋櫻花來了嗎？」

　　回答是一串又一串

　　粉紅的纓絡，幾乎

　　要掛到風箏的尾上

　　或垂到湖水的鏡中

　　「黃金風鈴來了嗎？」

　　回答是一朵又一朵

　　配上一柯又一柯

　　豔黃的笑屬太生動

　　連梵谷都想生擒〔註64〕

〔註64〕余光中 2013.4.13 另有〈黃金風鈴〉一詩（收在《太陽點名》）可參看。其中

「火燄木來了嗎？」

回答是一球又一球

襯著滿樹的綠油油

把亮麗的紅燈籠高舉

烘暖行人的臉頰

「羊蹄甲也到了嗎？」

回答是一簇又一簇

淺緋淡白的繁花

像精靈放煙火

燒豔了路側與山坡

「還有典雅的紫荊呢？」

回答是慘綠黯紫

顯然等得太久了，散了

（〈太陽點名〉《太陽點名》）

她們是太陽的「隨扈」、澄清湖穠豔的花隊，太陽一一為她們點名，順序是按照「唯美的光譜」。不管在路邊、山坡或湖中，都不乏她們繽紛「唯美」的影子。「唯美」是高雄春天唯一的原則，高雄的春季就是「唯美的花季」。

三、臺南的鳳凰木

鳳凰木（學名 Delonix regia）原產於非洲馬達加斯加島，在熱帶地區廣泛地被栽培，臺灣於 1897 年由馬達加斯加引入。它性喜向陽，氣溫愈高、日照愈強的地方，花就開得愈漂亮。〔註65〕

鳳凰木在臺灣的種植極為普遍，尤其是中、南部。其枝條呈水平狀斜展，有如鳳凰般展翅，故名鳳凰木。半圓形的傘狀樹冠，橫向披出有極佳的遮蔭效果。夏季五至七月間，大朵大朵的鳳凰花將樹冠染成一片猩紅色；花開得愈久，花色就漸轉為橙紅，就像燃燒中的火焰，火樹般燒紅了天際。

據傳日本人將鳳凰木引進台灣時，在臺南市的大正町（即今中山路）及府

「肆無忌憚的豔黃＼後期印象派所揮霍」、「一樹樹，天真的奇蹟＼一簇簇，唯美的陽傘」，均與此詩相呼應。

〔註65〕參見章錦瑜，〈鳳凰木特性及其對民眾造成之困擾〉《林業研究季刊》28（4）：99～106，2006。（網址：http://exp-forest.nchu.edu.tw/forest/upload/publish/530-3_28-1_P99-106.pdf）

前路大量栽種。鳳凰木不開花時，枝葉扶疏；五～七月，則一片火紅。從此，鳳凰木成為臺南府城最普遍的行道樹，臺南市因此被稱為「鳳凰城」，〔註66〕鳳凰花也成為臺南市的市花。轄內國立成功大學也以鳳凰花為其校花，多所中、小學亦以鳳凰花形為其校徽，足見臺南人對鳳凰木的認同程度。余光中的〈鳳凰木頌〉（收在《太陽點名》），首句就以歌謠的三言體贊頌鳳凰木：

> 臺南府，鳳凰木
> 高冠穹張成半圓
> 為富麗的盛夏加冕

自古以來，中國民間傳誦的歌謠，許多都是三言的。如漢孝文帝時歌謠：「一尺布，尚可縫；一斗粟，尚可舂。兄弟二人不能相容。」〔註67〕三言的節奏讓人朗朗上口，《三字經》用這樣的節奏，就是讓童子易於記誦。此詩頌揚臺南鳳凰樹，以三言傳誦的節奏始，又以三言傳誦的節奏終，正符合題目「頌」的本意。二、三句則為樹的整體塑像：那麼大的半圓形傘狀樹冠，正像夏木繁蔭中的一頂丹鳳冠，富麗堂皇。何以言之？因為它：

> 赤膽照人的花簇
> 染紅了多情的驪歌
> 一年一度的火炬啊
> 從記憶的深處傳來
> 向希望的遠方燒去
> 豐羽複葉梳風而飛舞

鳳凰木的花為腋生總狀花序，群聚於枝條末端，血紅而豔麗，詩人將之形容為「赤膽照人」，使鳳凰木與臺南之情，愈顯赤烈；也使別離的驪歌，愈見瀝血錐心。牠一年飛來一次，像紅燄燄的「火炬」，「從記憶的深處傳來」，「向希望的遠方燒去」。說牠「從記憶的深處傳來」，是因為很久很久以前，就有這樣的傳言了；說牠「向希望的遠方燒去」，是相信很久很久以後，牠仍會帶著光明、希望，飛來臺南。那蹁躚「飛舞」而來的美姿，彷彿是風正為牠「梳」著豐厚的羽翼呢。鳳凰木的葉子，為二回羽狀複葉，小葉數百枚，質似薄紙，總長60～90公分，狀似羽毛，故云。

〔註66〕另一種說法是：臺南為丘陵地形，形狀像一隻展翅的鳳凰。據說眼睛位在赤崁樓下，鼻孔則在普濟殿。前人為保存這塊風水地，就以普濟殿為中心，往外蓋了八卦型的街道，像是一張八卦網，網住鳳凰讓她無法飛離。

〔註67〕見《史記‧淮南衡山列傳》。

這隻鳳凰從何而來？牠來自傳說：

> 傳說傳來的鳳凰
>
> 從火浴中甦醒而新生
>
> 樹根的生機，像破土而出
>
> 樹頂的氣象，像自天而降
>
> 鳳尾森森，吐音細細
>
> 臺南府，真壯麗，有鳳來儀

中國古代傳說，有一種神鳥，美豔非常，人們稱牠為百鳥之王。牠集香木自焚，又從死灰中復活，這就是鳳凰浴火重生的故事，鳳凰也因此被稱為不死鳥或長生鳥。〔註68〕余光中藉此傳說，將鳳凰木神話化：成株的鳳凰木，其樹幹基部出現的板根，正是牠浴火重生，「破土而出」的具象。樹頂如赤霞的丹鳳冠，正像牠凌空而降的母儀偉姿。「森森」雙關「深深」，意指長長的鳳尾；「細細」的羽葉，如其輕聲細語。臺南有這樣「壯麗」的鳳凰木，一年一度「鳳凰來儀」，豈非臺南市之幸事。〔註69〕

此詩末行，總括開首三行之意，明白揭出詩旨臺南府「有鳳來儀」。首尾相應，一氣呵成。

四、墾丁的蟛蜞菊

墾丁沙地的草本植物以馬鞍藤為優勢種，常大面積一大片地生長，伴生的植物有無根藤、濱豇豆、雙花蟛蜞菊等。〔註70〕雙花蟛蜞菊在臺灣海邊很容易發現，它們成蔓地蔓延生長，有「沙灘的守護者」之稱。

余光中寫蟛蜞菊，是〈墾丁十九首〉之第十六首，這組詩寫於1986年底至1987年初，收錄於《夢與地理》。

詩人將蟛蜞菊譬喻為海灘嬉鬧的野孩子，靜坐其中的圓石則似圓顱禿頂

〔註68〕這傳說或云來自中國，或說出自埃及：郭沫若所作詩歌《鳳凰涅槃》中的鳳凰，即指西方傳說中的 phoenix。郭沫若是第一個把鳳凰與不死鳥聯繫的人，鳳凰浴火重生是郭沫若自己聯想的，並非是中國古神話的內容。

〔註69〕古人認為時逢太平盛世，便有鳳凰飛來；「鳳凰來儀」便是形容鳳凰飛來起舞，其儀態之優美；古代並藉此比喻吉祥的徵兆和祥瑞的感應。

〔註70〕因砂地保水力低，且富含鹽分，加上強烈海風的吹襲，不僅造成乾旱環境，且沙丘常因季節變換而移動，因此這些植物的特性通常為宿根性，且伏地蔓生多分枝，每節均能產生不定根，以增進吸水功能及固定作用，而葉片則多肉質及表面蠟質以儲存水分及防止水分蒸散。參見 2011.6.16 砂島貝殼展示中心（網址：http://mmweb.tw/35081/）

的沉思老僧，兩者動靜鮮明的對比，凸顯大自然一種相互涵容的現象：

> 忽然一聲喊，野孩子們紛紛
> 從石隙石縫裏一下子湧來
> 黃髮細頸的野孩子們
> 一轉眼就爬滿了沙灘
> 興奮地又笑又唱又喊

詩人先讓「黃髮細頸」的野孩子們，喧嘩登場：一聲喊叫，野孩子們紛紛「從石隙石縫裏一下子湧來」，他們「興奮地又笑又唱又喊」，從海邊的岩石縫隙，一路延伸至海邊沙灘。把野生的蟛蜞菊喻為「黃髮細頸」的野小孩，不僅符合蟛蜞菊的外形與生態，就連其成長狀態「興奮地又笑又唱又喊」，都鮮活地交代清楚了。

詩人極力描寫蟛蜞菊的調皮樣：「忽然一聲喊」、「一下子湧來」、「一轉眼就爬滿了沙灘」，這種用「一」這數字，做虛詞的時間副詞，將孩子輕捷、利爽，一閃眼就不見人的調皮模樣，描寫得既靈活又生動。

相對於蟛蜞菊的鬧「動」，兀立其中的青石則安「靜」多了：

> 青石的圓顱讓他們亂爬
> 縱容他們幼稚的喧嘩
> 不過是一羣頑童過路
> 能鬧得多久呢，最後總是
> 留下圓顱禿禿的青石族
> 在寂寂的晚潮聲裏繼續
> 苦思一些
> 想必是比較沉重的問題

青石所以「縱容」這群過路頑童「幼稚的喧嘩」，因為「能鬧得多久呢」？沒多久，海灘就又恢復為「寂寂的晚潮聲」了。詩人將圓圓禿禿的青石，設想為修行的苦思僧，正在苦思「比較沉重的問題」。「沉重」對應前文野孩子的輕快，是非常鮮明的對比。這樣對比，不是凸顯水火不容，而是一種包容力，一種大自然涵養萬物的大胸襟。

五、蘭嶼的野百合

余光中寫蘭嶼的野百合，在〈蘭嶼六景〉之一的〈野百合之王〉，此詩寫於 1989 年 6 月 24 日，收錄於《安石榴》。

　　蘭嶼的野百合，以鐵砲百合（粗莖麝香百合、Lilium longiflorum Thunb.）
居多，達悟語謂之「vunitan」，是蘭嶼山頭的主角，蘭嶼因此被譽為野百合的
故鄉。每年大約從四月開始，蘭嶼的野百合就陸續開放，每一枝都能開出肥碩
的4、5朵花來，在燈塔、青青草原、氣象站、中部橫貫公路旁⋯⋯，幾乎每
一處山壁，都有野百合在風中搖曳招展。

　　蘭嶼南方的青青草原，位處海岸懸崖的邊緣。俯臨太平洋，四野了無屏障。
草原上就遍生著野百合，黃昏時與紅彤彤的夕陽兩相映照，美不勝收。

　　詩人將蘭嶼的野百合譬喻為仙人的喇叭，吹奏仙人的樂章。他直寫野百合
的外形，尤其是顏色：

> 乳白的長瓣豔黃的蕊
>
> 用細細的青莖脆脆地吹

「乳白」的長瓣，「豔黃」的蕊，加上細細的「青」莖，這就是野百合花的外
形。因為「青」，被轉化說成喇叭「脆脆地吹」，讓讀者覺得順滑、脆口，極為
爽利。詩人將之擬為神奇的喇叭手，青莖是喇叭長長的吹管，合被細細地按彈、
吹奏。「脆脆」是咀嚼感，不是一般酸、甜、苦、辣⋯⋯等味覺，卻拿來形容
聽覺，感覺因陌生化，不但新鮮，更讓野百合之青綠鮮翠，生生地活現在眼前。

　　蘭嶼這株野百合的特殊不在此，而在這隻「喇叭」不只「一管」，而是「十
八管並蒂齊齊地奏」。原來它十八朵並蒂齊開，壯麗非凡，這真是難以想像。
十八朵並蒂齊開的百合，該有多宏偉、多壯觀。若非親眼瞧見，是不容易想像
的。讀者循此，想像其盛況，必定是從聲音去聯想，沒想到詩人卻轉頭回到花
的「本能」，從嗅覺說：

> 想必是滿海都芬芳了
>
> 否則崖下千褶的水波
>
> 為何都像是受了催眠
>
> 這仙人的樂章，看來
>
> 已經夠美妙，聽來
>
> 那旋律應該更清新
>
> 只要你靜靜地坐著
>
> 而崖上沒一個人

這株野百合之王不只讓滿野芳香，連崖下的太平洋也「滿海都芬芳了」。海也
聞到百合的香味？不信，你看！一褶、兩褶⋯⋯，千褶的太平洋水波，彷彿被

花香薰得催了眠般，起伏有致地擺盪著，看起來多麼「美妙」。客觀來說，詩人舉水波為證，雖是詩人主觀的自圓其說，但從美感上看，讀者的心理卻非常受用。因為波紋「千褶」，已是壯觀，又是居高臨下從崖上俯瞰，「千褶的水波」就在腳下，循其搖盪的節奏，似「受了催眠」般搖擺晃盪，好似與陸上野百合的吹奏，遙相呼應，不把它們聯想在一起也難。讀者從這一句所領受到的「芬芳」，除了是嗅覺的「芬芳」外，更覺芳香盈「耳」，這種通感的效果，真是奇妙。這種樂章非「仙人之樂章」而何。領受這種樂章，既「看」得「美妙」，也能「聽」得「清新」，得自己「一個人」靜坐崖上，不許有外人打擾，方得享受這悅耳的仙樂。

此詩先是從咀嚼感來形容聽覺——「用細細的青莖脆脆地吹」，後來又從嗅覺形容聽覺——「想必滿海都芬芳了」，詩人對通感的應用，是愈見熟練了。

第三節　植物二：蔬果

余光中寫臺灣蔬果，若歷史上有這些蔬果的典故，大多會用入詩中。或翻案，或改寫，總要寫出它與古典傳統的不同之處，彰顯其現代特性來。

一、蔬菜：南瓜

余光中寫臺灣蔬果，特重滋味的描寫，只有〈南瓜記〉例外。南瓜是蔬菜，余光中著重在南瓜外形的描寫，說到南瓜滋味的只有「嚼不盡的瓜子津津有味」一句，而且說的是南瓜子，不是瓜瓤本身。

描寫南瓜的外形，詩人起先只說是「胖敦敦的」「龐然大物」，是「昨晚的落日變成」的，這是贈瓜的屏東客說的：

> 太陽每天從蓮霧樹的後面升起
>
> 傍晚，就落入低低的菜田
>
> 這一隻，他指指餐桌上
>
> 那龐然大物，是昨晚的落日變成
>
> （〈南瓜記〉《安石榴》）

這樣說很不真實，好像是在說故事一樣，於是詩人挺身作證，把晚霞也請出來：

> 他家的果園我曾經去過
>
> 花香，果味，和肥料的氣息
>
> 都令我著魔，像童話的封面

......
　　那天正是春分，空氣微醺
　　南部早熟的太陽，愈晚愈重
　　一頭就栽進了南瓜田裏
　　陷入滿網的交莖亂藤
　　那件事，晚霞可以作證
　　（〈南瓜記〉《安石榴》）

詩人營造一種既真似幻的情境，介紹南瓜的身世：把屏東客的果園幻化成一部童話書，花香、果味和肥料的味道就是書的封面，隔開了果園與外面世界。一顆顆南瓜就躺在後園的瓜藤密葉下睡午覺，布穀鳥和蜜蜂都吵不醒他們呢。春分時節的暖空氣，把南臺灣的太陽熏得早熟，他熏熏然「愈晚愈重」，一骨碌就陷入「交莖亂藤」的情網，栽進屏東客的南瓜田裏。這件事，晚霞全看得一清二楚，可以為證：南瓜皮繽紛的花紋就是斑斕的晚霞，而堅硬的皮殼，敲之鏗鏗作響的響聲，則是「晚霞的笑聲」。

　　就這樣，一天一胎，南瓜蜷在大地的懷裏，伸出貪饞的爬藤，吮吸大地的乳汁，長成像父母一般的「渾圓」——「坦然的肥碩」、「重磅的泰然」——還遺傳了母親美麗的胎記：

　　蛙綠的底色灑滿了黃斑
　　沙土的條紋交匯於瓜蒂
　　像東經，西經，輻湊在兩極
　　（〈南瓜記〉《安石榴》）

這就是南瓜的身世，父親是落日，母親是大地，像童話那樣的一個故事。

二、水果

　　余光中詠水果的詩，〔註71〕極少形容水果的氣味——除甘、甜、酸、澀、苦等味道之外。僅〈芒果〉裡有「誘人的體香」一句，然這「體香」又是什麼氣味，也含糊得費人猜疑——也可以解為任人遐想——其餘則多從外形、體態

〔註71〕余光中詠寫臺灣水果的詩，《鄉間小路》在 2004 年，曾將之一月一首地登載了一年，從一月到十二月，依次是：蓮霧、埔里甘蔗、水蜜桃、相思樹下、安石榴、荔枝、芒果、葡萄柚、惠蓀林場、削蘋果、南瓜記、初嚼檳榔。《鄉間小路》是臺灣第一本農業生活風格月刊，由豐年社出版。內容都是報導鄉土之美，食品營養，衛生保健，家庭園藝，農產品消費知識。

及情思去做譬喻：

（一）比如詩句

1. 葡萄柚

詩人將葡萄柚的滋味比如詩句與人生，說它：

> 入口是清甘帶一點酸
>
> 還帶一點點的苦澀，配得
>
> 不膩也不黏，恰到好處
>
> （〈葡萄柚〉《安石榴》）

這樣的滋味，就像詩句有頓挫、人生有波折一樣——甘甜不膩，外帶些不黏不澀的酸苦。那滋味在口中：

> 甜津津的齒隙和舌底
>
> 嚼出一點酸楚的回味
>
> 偶爾也要吐一粒苦子
>
> （〈葡萄柚〉《安石榴》）

這就是詩人所體驗的生命滋味與寫詩甘苦。它被盛在白玉青花瓷盤，和著「赤霞金曦」，成為詩人每天的第一道早餐。即使有剩餘的「甘瀝」，詩人亦珍惜不捨地涓滴擠入碗裏，「貪婪地」仰天一口吸盡。其珍視生命、愛惜詩文，不管酸甜甘苦，坦然向天，一概承受的豪情，於此可見。

2. 甘蔗

詩人視甘蔗則如仙笛，如「可口的牧歌」，節節都是妙句：

> 看我，拿著甘蔗的樣子
>
> 像吹弄著一枝仙笛
>
> 一枝可口的牧歌
>
> 每一節都是妙句
>
> （〈埔里甘蔗〉《安石榴》）

這枝仙笛吹奏的牧歌，來自「南投芬芳的鄉土」，是這塊土地「春雨的祝福釀成」的，那牧歌妙句的滋味：

> 必須細細地咀嚼
>
> 讓一股甘冽的清泉
>
> 從最深的內陸

　　來澆遍我渴望的肺腑

　　（〈埔里甘蔗〉《安石榴》）

彷彿從內心最深處湧出的清冽甘泉，久旱逢甘霖般地澆灌詩人「渴望的肺腑」。這甜頭不僅讓詩人「捨不得吐掉渣子」，即使嚥下最後一口：

　　還舔著黏黏的手指頭

　　像剛斷奶的孩子

　　（〈埔里甘蔗〉《安石榴》）

啃甘蔗猶如詠寫詩歌，其意猶未盡之情，嗜吮欲罷不能之態，如在目前。

（二）比如茗酒

1. 檳榔

　　被余光中形容滋味如茶如酒之水果者為檳榔（Areca catechu LINN.），是檳榔樹的果實，又稱為「青仔」，與椰子同屬棕櫚科，主幹可高至二十公尺。據統計，臺灣栽植檳榔的面積僅次於水稻，是臺灣舉足輕重的經濟作物。從臺灣道路邊檳榔攤林立，賣檳榔的檳榔西施，成為觀光客必看的景觀，就可窺見其普遍性。

　　臺灣人戲稱檳榔為臺灣口香糖，嚼食檳榔需加荖藤、荖花或荖葉，和上石灰、柑仔蜜等（或是扶留藤和蚶子灰）。因其果肉鮮嫩，久嚼不膩，極易上癮。嚼後，促進唾液、汗腺分泌，增加腸蠕動，身體會發熱、出汗、精神亢奮，從背部到後腦會產生興奮感。然石灰具腐蝕性，容易引起口腔病變，近年政府正積極勸導民眾，戒除嚼食檳榔的習慣。

　　詩人形容檳榔的外形是「青蓋的小白罈子」，其滋味始則如茗：

　　只覺得一嚼就清香滿口

　　再嚼，舌底就來了甘津

　　涓涓從一個驚異的源頭

　　（〈初嚼檳榔〉《安石榴》）

清香與舌底生津是喝茶的兩大特點，這兩項特點在詩人初嚐檳榔時，口生丹津也有這樣的感覺，故而有飲「香茗」的錯覺。然而：

　　三嚼之後像剛漱過口

　　唾液如泉在齒間流過

　　白齒興奮地磨了又磨

　　直到有一點麻麻的滋味

　　來到了舌尖，而恍惚的微醺

　　升上了頭頂，一股蟠蟠的元氣

　　正旋下去，旋下去，旋

　　旋進了蠕動的丹田

　　（〈初嚼檳榔〉《安石榴》）

檳榔嚼後會面頰潮紅直熱到耳根，不但滿嘴津液，在齒間流淌，而且舌尖麻爽、頭頂醺醺然，甚且還有一股元氣，蟠旋而下，旋竄至丹田，全身暖烘烘的，如醉酒一般，俗稱「醉檳榔」，東坡所謂「紅潮登頰醉檳榔」是也，〔註72〕所以又像酒。

（三）比如女子

　　余光中寫臺灣水果，除甘蔗、檳榔、葡萄柚、茂谷柑外，蓮霧、荔枝、芒果、水蜜桃、安石榴，則以女子看待之。詩人說自己就像仙人享受野餐般，極力描寫吃「她們」的感覺。他以愛美人的心情品嚐這些水果，詩中不時流露出護惜水果的深情：

1. 心儀的對象：番石榴

　　番石榴與蓮霧同屬桃金孃科，原產熱帶美洲，十七世紀才由大陸移民引入臺灣，以其外形像石榴（另一說，其果實多籽，類似石榴），所以稱「番石榴」。臺灣俗稱「那拔」、「拔仔」、「芭樂」。

　　余光中在 1969 年 5 月，有〈番石榴〉一詩（收在《在冷戰的年代》），把番石榴想像成心儀的一位女子：

　　每次，咬著咬著那番石榴

　　就想起一個人，如果

　　她是隻番石榴該多好

　　那樣，情願把長長的一生

　　換一個番石榴季

<hr>

〔註72〕〔宋〕洪覺範（僧‧惠洪），《冷齋夜話》卷一：「東坡在儋耳，有姜唐佐者從乞詩。唐佐，朱崖人，亦書生。東坡借其手中扇，大書其上曰：『滄海何曾斷地脈，朱崖從此破天荒。』又書司命宮楊道士息軒曰：『無事此靜坐，一日是兩日。若活七十年，便是百四十。黃金不可成，白髮日夜出。開眼三十秋，速於駒過隙。是故東坡老，貴汝一念息。時來登此軒，望見過海席。家山歸未得，題詩寄屋壁。』有黎女插茉莉花，嚼檳榔，戲書姜秀郎幾間曰：『暗麝著人簪茉莉，紅潮登頰醉檳榔。』其放浪如此。」

> 番石榴啊番石榴
>
> 那樣的季節從未來到
>
> ——就姑且嚙一隻番石榴吧，他說
>
> 一面狠狠地咬
>
> 排得好整齊的一顆顆細白
>
> 和染紅人嘴唇那樣的甘美

「咬著」番石榴，就聯想到「情願把長長的一生」與之廝守的女子。這女子不是長得像番石榴，而是詩人覺得「……如果／她是隻番石榴該多好」。究竟番石榴與那女子有何相同點，依詩中所說推論，可能是：番石榴一顆顆排得整齊而細白的果肉與種子，就像伊「染紅人嘴唇那樣的甘美」。可惜事與願違，詩人只能聊以「狠狠地咬」一隻番石榴代償。

此詩詩句不但散文化，「咬著咬著番石榴」、「狠狠地咬」的激昂語氣，是《敲打樂》那種「寂寞與激昂之間」情懷的餘緒，詩人眼光所關注的仍停留在一己之情思。相較於《安石榴》中的水果詩，不管是詩藝、眼光與情懷，顯然狹隘得多。

2. 易孕多子之女：蓮霧

蓮霧屬桃金孃科的常綠喬木，原產於馬來西亞，三百多年前荷蘭人從印尼爪哇引進臺灣，是臺灣早期常見的遮蔭樹。1967 年，屏東林邊鄉農民，在沿海鹽分高的地區種植蓮霧，所產蓮霧皮色油亮而深紅，故名「黑珍珠」。「黑珍珠」的果肉細脆，汁多而清甜，詩人此詩所說的蓮霧就是屏東的「黑珍珠」。

余光中形容蓮霧如易孕多子的女子，是一種「甜津津的負荷」，「把不勝的枝柯壓得彎彎」。

臺灣人吃蓮霧，喜歡在清洗乾淨後，再以鹽水浸過，如此不僅使蓮霧「發出最大的誘惑」，也使蓮霧對牙齒產生「最小的抵抗」：

> 而發出最大的誘惑，對喉舌
>
> 和最小的抵抗，對牙齒
>
> 刷地一口咬下，勢如破竹
>
> 滿嘴爽脆的清香，不膩，不黏
>
> （〈蓮霧〉《安石榴》）

「黑珍珠」蓮霧的四大風味是：甜、脆、多汁、果肉細膩。吃蓮霧得從尾端一口咬下，不僅能享受「勢如破竹」的清亮爽聲與齒牙脆利的口感，而且愈往上

吃愈甘甜，其甜度不黏不膩，「滿嘴爽脆」。

3. 異國邂逅的美女：安石榴

其他余光中筆下的水果，則是幻想中的美人——在享受這些甜滋滋美果的同時，也像是與女子享受情愛一樣：有的是幻想與異國美女的邂逅，對愛情患得患失的心理，如：安石榴；甚至是令人想入非非的性愛遐想，如荔枝、芒果、水蜜桃。

安石榴的外形，余光中形容像一個裝著透明紅寶石的飽滿袋子。揮刀切剖，有若採得珍寶的礦工，驚喜異常：

> 波斯的彎刀一揮
>
> 那樣珍藏的祕密，一粒粒
>
> 頓然，就裸露無遺了
>
> 驚喜若豐收的礦工
>
> 讓我向劈開的深洞
>
> 一顆顆，將你們採出來吧
>
> （〈安石榴〉《安石榴》）

就像邂逅異國美女的豔遇那樣，一顆顆石榴紅豔得如燒暖的初夏，「教人心動，不得安息」。那滋味：

> 像一餐仙人的野宴
>
> 那津津的滋味，甜裏帶酸
>
> （〈安石榴〉《安石榴》）

「甜」的是愛情的甜蜜，「酸」則是暗戀、單戀或分手的悵然：

> 仍然嚼得出晚唐之戀嗎？
>
> 仍然是斷無消息嗎？
>
> （〈安石榴〉《安石榴》）

尤令人擔心的是：憂慮妻子被染紅裙子，有人拜倒在她的石榴紅裙下：

> 我卻擔心會染紅你裙子
>
> 為了它古來便有
>
> 一個令人拜倒的名字
>
> （〈安石榴〉《安石榴》）

這種患得患失的心理，是來自「安息」卻令人不得「安息」的安石榴所引起，恐怕也是一般男人的心理吧。

4. 如情愛之歡愉

（1）荔枝

　　吃水果的甜蜜滋味有如情愛，則有荔枝點到為止的含蓄。荔枝屬無患子科（Sapindaceae）多年生的常綠喬木，臺灣荔枝本種自中國傳入，如今已育出二十多種品種，其中以高雄縣大樹鄉的「玉荷苞」──肉厚核小，甜中帶酸，表面略帶青綠──最為知名。臺灣荔枝的產地多在中部以南的地區，每年 6 月中旬至 7 月上旬為其盛產期，是臺灣夏季當令的水果。

　　余光中說吃荔枝得：

> 先交給冰箱去祕密珍藏
> 等冷豔沁澈了清甘
> 脫胎換骨成更妙的仙品
> 使唇舌興奮而牙齒清醒
> 　（〈荔枝〉《安石榴》）

荔枝不易保存，白居易《荔枝圖序》云：「若離本枝，一日而色變，二日而香變，三日而味變，四、五日外，色香味盡去矣。」〔註73〕為免水分流失、果皮褐變，買來的荔枝當然以儘快食用為宜。首先放在 1～2℃的低溫冷凍，冰凍一宿的荔枝，被凍得紅通通的，余光中說其「冷豔」就「脫胎換骨成更妙的仙品」。澈澈的冰涼、沁人心脾的「清甘」，〔註74〕「使唇舌興奮而牙齒清醒」，於是：

> 裸露的雪膚一入口，你想
> 該化作怎樣消暑的津甜
> 　（〈荔枝〉《安石榴》）

荔枝的果肉潔白如雪，詩人比如「裸露的雪膚」入口，則甜蜜蜜的津液於口中橫流之感，很難令人不從男女的情愛處做聯想。

> 荔枝好吃，但不能多吃
> 否則就會有火氣

〔註73〕〔唐〕白居易，《白居易集》。（臺北：里仁書局，1980），頁 974。
〔註74〕余光中以「清甘」形容荔枝的味道，白居易〈荔枝圖序〉則云：「荔枝生巴峽間，樹形團團如惟蓋。葉如桂，冬青。華如橘，春榮。實如丹，夏熟。朵如蒲萄，核如琵琶，殼如紅繒，膜如紫綃。瓤肉瑩白如冰雪，漿液甘酸如醴酪。」對味道的描寫較余光中更具體。見〔唐〕白居易，《白居易集》。（臺北：里仁書局，1980），頁 973～974。

　　小時候母親的警告

　　每當我剝開一層絳殼

　　就在我耳際響起

　　（〈芒果〉《安石榴》）

荔枝性溫，多食確實容易上火，然而與前首的〈荔枝〉對照看，詩人的言外之
意，不言而喻，可謂一語雙關。

（2）芒果

　　芒果好吃，但不能多吃

　　相似的警告來自妻子

　　（〈芒果〉《安石榴》）

妻子的警告，擋不住詩人的嘴饞，他心裡最想的、最饞的，是剛從冰箱取出來
的芒果：

　　撲鼻的體香多誘人啊

　　還有豔紅而豐隆的體態

　　豈是畏妻的禁令所能抵擋

　　一刀偷偷地剖開

　　觸目的隱私赤裸得可怕

　　但一切已經太遲了

　　懷著外遇的心情，我一口

　　向最肥沃處咬下

　　（〈芒果〉《安石榴》）

「撲鼻的體香」、「豐隆的體態」，一刀剖開，「觸目的隱私赤裸得可怕」，這也
是男人外遇時所面對的誘惑，「食、色，性也」，這樣的誘惑，「豈是畏妻的禁
令所能抵擋」？警告終究擋不住本性的驅力，在本性的驅策下，詩人「向最肥
沃處」一口咬下。

（3）水蜜桃

　　余光中對外遇的情愛，描寫最多的是水蜜桃。水蜜桃原產於中國大陸，目
前臺灣白鳳桃、大久保桃、中津白桃，則是 1959 年，先後自日本、美國所引進
的品種。余光中沒有工筆細描水蜜桃，即使是外形，也全用寫意的手法：〔註75〕

〔註75〕「寫意」一詞本是國畫的一種畫法，「寫意畫」相對於「工筆畫」，不求精工細
　　　　筆，而是注重神態的表現與意趣的抒發。

　　水蜜桃，紅天天

　　……

　　而體態和臉暈

　　是同樣的妖嬈

　　躺在白淨的瓷盤上

　　又像是帶嗔

　　又像是發嬌

　　　　（〈水蜜桃〉《安石榴》）

對詩人來說，水蜜桃是嬌嗔滿面、令人情不可禁的煙花女子，她妖嬈多姿地活躍在風塵中，薄薄的毛皮，包裹著她誘人垂涎的胴體：

　　遮住你的誘惑

　　一襲輕輕的什麼

　　牽一牽就褪掉了

　　這就算抗拒了嗎？

　　又何其單薄

　　　　（〈水蜜桃〉《安石榴》）

用手指輕輕牽拉一下，那層薄薄的皮衫就寬褪淨盡，權算是虛應形式的一種「抗拒」吧。入口的滋味是：

　　豐盈而又慵軟

　　甜裏帶一點點酸

　　忙了舌頭

　　閒了牙齒

　　豔名真是不虛傳

　　　　（〈水蜜桃〉《安石榴》）

水蜜桃的味道甜滋滋的「帶一點點酸」，其汁液「豐盈」，果肉少纖維，「慵軟」細嫩，只須用舌頭舔吸、吮拭，就已足夠，牙齒根本派不上用場，然而：

　　是什麼東西

　　以頑固對頑固

　　在反抗我的牙牀？

　　鏗地一聲響

　　劇痛裏吐出了一顆

　　那樣堅貞的心臟

　　把心事深深

　　縱橫地刻在核上

　　（〈水蜜桃〉《安石榴》）

水蜜桃中心的果核極大，上面紋路縱橫交錯，深密而堅硬，象徵煙花女子雖屈從於環境，然而仍持有一顆「堅貞」不變的心。

（四）比如夫妻生活：蘋果

　　余光中將與妻子范我存生活在一起的世界與歲月，比如蘋果：

　　……你掌中轉著的

　　不是蘋果，是世界

　　一圈一圈向東推

　　推動我們的歲月

　　這世界正是那蘋果

　　（〈削蘋果〉《安石榴》）

詩人與妻子的世界「正是那蘋果」，甜中帶有點酸。而推動這個「世界」的正是妻子的那雙巧手。她「一圈一圈」地向東推削，歲月就這樣一圈一圈地被削掉。這如蘋果的兩人世界，個中的損益與污垢，總經她「揀過，洗過」，在「平」（「蘋」之諧音）安、平淡中渡過：

　　而且削淨了果皮

　　把最好的果肉給我

　　而帶核的果心總是

　　靜靜，留給你自己

　　（〈削蘋果〉《安石榴》）

最好的給丈夫，其次「帶核的果心」才留給自己，這就是妻子為家所做的犧牲。

（五）借物述志：茂谷柑

　　茂谷柑來自新大陸，余光中在詩後註明云：

　　茂谷柑為美國柑橘專家 Charles Murcott Smith 在 1922 年培育成功的

　　上品，即以其中名命名，亦稱 Murcott orange。

臺灣的茂谷柑是民國六〇年代，臺灣大學退休的園藝系教授林樸先生，從美國佛州引進試種的。茂谷柑果形扁圓如車輪，其果皮橙黃而薄，不易手剝。果實

的瓤瓣有 10～15 瓣，瓤肉呈橙紅色，堅實多汁，糖度 11～15 Brix，酸度 0.6
～1.0%，濃郁爽口的滋味，頗受消費者喜愛。

　　茂谷柑不耐寒，怕凍害，適宜種在年均溫 20℃的土地。臺灣有足夠的高
溫供其生長，每年一月下旬到二月下旬為其成熟期。全省都有栽種，但以中部
地區最為理想，梅山、古坑、東勢及水里等地的種植，都頗具規模。余光中此
詩中的茂谷柑，自云是東勢果農所栽之「名門」「貴族」，不容易在水果攤買到。

　　〈謝渡也贈柑〉（收在《太陽點名》）一詩，由外向裡地詠寫茂谷柑的形狀：
一個巴掌大小，「黃澄澄，圓渾渾」，乍看好似「超小南瓜」。然則詩人認為「那
種純金」的色澤，絕非塞尚、高更所能調得出來的，更別說是有幸嘗此口福了。

　　這「幸運」詩人形容是「一球扁圓的幸運」：青色的蒂頭是北極，一條條
由此延伸出去的橘絡就是經線。條條經線「抱住皮層和皮下的瓣瓤」──以一
種「天真的弧度」。以「天真」形容橘絡的弧度，恍若嬰兒緊緊貼黏在大人懷
裡，那模樣與前面的扁圓幸運相聯想，引發讀者想像嬰兒在大人懷中的俏皮模
樣，「天真」二字把「扁圓的幸運」，表達得淋漓盡致。

　　茂谷柑的滋味，詩人形容是：鮮豔「多汁」的紅瓤，以「那樣的薄皮盛住」，
「慷慨」地「迎」迓詩人唇舌，直沁肺腑。「慷慨」二字將果肉「多汁」的感覺，
進一步做人性化的呈現──不是「慷慨赴義」的悲壯，而是大方不吝的豪情。

　　詩人總結地認為茂谷柑是「內容與形式最妙的妥貼」，二者恰如其分地配
搭在一起，妙合而貼適。

　　此詩與余光中其他詠水果詩之不同處，在詩人是藉柑橘述志，就像屈原的
〈橘頌〉一樣。〈橘頌〉是屈原唯一的詠物詩，也是中國文學史上第一篇的詠
物詩，更是中國以物頌人「頌贊」類的第一篇：

　　　　及三閭〈橘頌〉，情采芬芳，比類寓意，又覃及細物矣。（《文心雕龍·
　　　　頌贊》）

〈橘頌〉嚴正而不激憤，深沉而不悲苦，學者認為此詩似乎是〈懷沙〉之後，
屈原的絕筆之作。前半述橘，後半讚頌，終篇緊扣橘樹的特性頌橘，實則句句
在申明屈原自己的精神，橘性與人品融為一體：

　　　　句句是頌橘，句句不是頌橘。但見原與橘分不得是一是二。彼此互
　　　　映，有鏡花水月之妙。〔註76〕

〔註76〕〔清〕林雲銘，《楚辭燈》。（臺北：廣文書局，1963 年初版，1971 年再版），
　　　　頁 225。

詩中一再表明「受命不遷，生南國兮」與「深固難徙，更壹志兮」的意旨，充分借頌橘以見志：南國的土地培育橘樹受命不遷的特性，使它有深固難徙的美德，正如屈原決意不離開宗主的楚國一樣，去楚或留楚，他心中已有抉擇。

　　余光中引〈橘頌〉前四句入詩：「后皇嘉樹，橘徠服兮／受命不遷，生南國兮」，明舉屈原「橘賦」連用兩句「難怪……」，把自己與屈原做類比。他雖自大陸流離來臺，如今定居高雄，那種「皮薄、瓤紅、汁多」的美質，安居「南國」，裏外「妥貼」的「幸運」之意，昭然若揭。

第四節　藝文活動與藝品

　　楊慎《升庵詩話》云：

> 題畫詩來源于畫面，但又不為畫面所拘束，它往往是從畫面的內容
> 或其一點生發開去，數衍成篇。「詩傳畫外意，貴有畫中態」。〔註77〕

余光中寫觀畫的詩，就不為畫面所拘囿，常由其中一點生發出去，表達詩人的情思。其最終的想望還是永恆的追尋，模式似追尋→歷劫→昇華→回歸永恆的歷程。

一、神遊其中，物我兩忘

　　余光中觀賞藝術作品，其一貫不變的態度，是專注、深情地凝視表演或作品，然後馳騁想像，神遊其中，他讓自己恍若親臨其境，如幻似真：

> 虛明幻境，若淺若深
> 水是從天上來的嗎？
> 為何浪花都懸在半空呢？
> ……
> 我眮肘邊的素衣人
> 又回顧琉璃的觀音
> 誰幻，誰真，驚疑難定
> 而浪花為何仍懸在半空呢？
> 水是從天上來的嗎？
> （〈琉璃觀音——觀楊惠珊新作〉《藕神》）

〔註77〕見〔明〕楊慎《升庵詩話》卷十三。

詩人不只視覺如夢似幻，虛實難辨；就連聽覺也恍若，有裊裊餘音自遠處傳來：

> 只剩下鏡底這一撮小舟
>
> 船頭對著夏口，船尾隱約
>
> （只要你凝神靜聽）
>
> 還嫋嫋不絕地曳著當晚
>
> 　　那一縷簫聲
>
> （〈橄欖核舟——故宮博物院所見〉《紫荊賦》）

這樣如幻似真的情境，令詩人對觀賞的作品也有半夢半醒的錯覺：

> 似醒似睡，緩緩的柔光裡
>
> 似悠悠醒自千年的大寐
>
> 一隻瓜從從容容在成熟
>
> （〈白玉苦瓜——故宮博物院所藏〉《白玉苦瓜》）

這種物我交融，渾然兩忘的現象，以〈觀仇英畫〉（收錄在《藕神》）最具代表性。詩人循著觀畫的視覺動線，逐一想像、描寫，其精神深入畫境，畫與我幾無隔閡：

> 若非怪石崎嶇，坡徑太陡
>
> 一時出神，收不了心
>
> 我就已入山太深了

「出神」者，指精神脫離開現實，進入另一個想像的世界。現在，這世界是仇英畫中所畫的山林世界：

> 暮色在隱隱加濃，不覺
>
> 攝魂的鐘聲忽然變成
>
> 閉館的鈴聲，催我回步
>
> 否則早已越過了窄橋
>
> 渾不聞鈴聲突發，根本
>
> 回不到人間來了，……

詩人確實聽到了鈴聲，但他對此鈴聲的解讀是「……催我回步／否則早已越過了窄橋」。可見他已將現實與畫境混接在一起，他把現實的閉館鈴聲，架接在當下正在進行的觀畫想像中，沒有繼續前行去「越過了窄橋」，因此「渾不聞鈴聲突發」，因為現實閉館的鈴聲，被他轉接到當下想像的畫境中，這是聽而不聞——「聽」到鈴聲，而「渾不聞」是現實的閉館鈴聲——因為他當時「……

根本／回不到人間來了」，他徜徉在仇英的畫境中，那畫裡面：

　　……怪石崎嶇，坡徑太陡

　　……

　　……古寺更派了遠鐘

　　穿過糾糾蟠蟠的虯松

　　一路下山來接引，……

　　……

　　仇英正坐在崖後，悠然獨笑

　　涼亭一角，還等我去下棋呢

　　嘉靖年間就等起的吧

　　松針滿地又積了幾層

　　可惜小童煽爐，茶都已冷

　　而那隻鶴，也不耐久等

　　一張氅早已飛去，差點

　　就到右上角那方紅印章了

仇英，為明朝太倉人，生卒年不詳。性嗜畫，擅長臨摹唐宋名筆，神采生動，卓絕當時，為明代四大家之一。此時詩人還是在觀畫的想像中：想像畫中人就是仇英本人，想著仇英就坐在「涼亭一角」，等詩人去下棋——那可是從「嘉靖年間就」等著的呢。又想到從明嘉靖到現在，滿地的松針該多積了好幾層吧。可惜啊！茶水不耐久等，早就涼掉了。你看，小茶僮正在「煽爐」煮水，就知道了。再瞧瞧「那隻鶴，也不耐久等」，早就揮振起氅羽，高飛而去了。牠飛得好遠好遠，「差點／就到右上角那方紅印章了」，飛出畫界外去了——連畫角的方紅印章也入想像中，真是入畫啊。

　　即使旁觀創作者的創作過程，也栩栩然與創作者同步，想像有如親歷其境之境。2006 年他描寫董陽孜書李清照「九萬里風鵬正舉」一句，就全從旁觀的角度，描寫董陽孜書法的藝術效果：只見董陽孜心念一啟動，「墨跡」就筆隨意走地落入紙中。每一筆勢都與其腕勢相呼應。只看她「筆尖旋轉」，陰陽相互激盪；筆畫或大或小、或粗或細、或實或虛（留白），就全憑機緣。這等筆轉陰陽的功力：

　　令鬼神都為之蠢蠢不安

　　而從渾沌的深處，手起

> 手落，召來九萬里長風
>
> 大鵬正高舉，耳際的呼嘯
>
> 該是，造化嗎，在重整秩序
>
> 筆勢正蟠蜿，蓄而不發
>
> （〈筆轉陰陽──觀董陽孜書李清照句「九萬里風鵬正舉」〉《藕神》）

這股神力連鬼神都悚然而驚，「蠢蠢不安」了起來。渾然看不出這股力量從何而來，只見「手起」「手落」，便感覺有「九萬里長風」吹來，有一隻大鵬鳥正振翅高飛，訇然從耳邊呼嘯而過。緊接著，彷彿是造化「在重整秩序」似的，虯蟠蜿蟺的筆勢，猛不防地一頓：

> ……，如椽的大筆
>
> 天柱岌岌向南猛推移
>
> 一切江河，緊急，都煞住
>
> 只為讓天柱由此過路
>
> 停筆之前，有誰敢攔阻
>
> 筆止，而氣勢不休止
>
> 長驅的天風浩蕩，正開始
>
> （〈筆轉陰陽──觀董陽孜書李清照句「九萬里風鵬正舉」〉《藕神》）

書法家一枝「如椽的大筆」，揮出一根「岌岌」欲倒的「天柱」，迅猛地「向南推移」，在「停筆之前」，無人「敢攔阻」。連沿途所遇的江河險阻，都「緊急」地煞住、撤空，「只為讓天柱由此過路」。可是說也奇怪，書法家的筆雖停住了，可那股氣勢卻仍「不休止」，一股浩浩蕩蕩，從天邊呼嘯而來的天風，才「正開始」「長驅」直入呢。詩人將董陽孜落筆揮灑的過程描畫得真是精彩生動。

二、亙古而常新

　　余光中寫畫中所見，常將古人典故，或正或反地引入其中。古與今，甚或未來，完全疊合在一起。這種把過去、現在、未來壓縮在一塊兒的作法，在余光中的藝術世界裏屢見不鮮。在這個世界裡，歷時性的時間轉為共時性的空間。「過去」、「現在」與「未來」，在他的藝術世界裏，彷彿是一個整體，無須判然分明。

　　如〈飛碟之夜──羅青畫展所見〉（收在《紫荊賦》），就把唐代、現代與

未來，雜揉在一起：王孫（古）或「圍在牌桌上」，或「守在電視機旁」看〈楚留香〉、趕午夜場電影（今）；長安（古）有「嚴重的空氣污染」（今），街燈上面，還有如網的霓虹燈（今）；那一夜，李白（古）在酒杯裏，看到「異樣的倒影」（未來）：

> 青幽幽一盤盤的怪光，倏來倏去
> 未名稀金屬的無軸飛輪
> 像決堤的銀漢，上千上萬

這「一盤盤可疑的巨唱碟」（未來），隱隱約約傳出胡笳之聲（古），「從潼關的方向滾滾地旋來」（古）；第二天，李白（古）被送去「最貴的那家精神病院」（今）；當晚，「安祿山（古）的飛碟隊（未來）佔領了長安（古）」。詩中描寫的每一個畫面，不是唐代和現代，就是唐代與預見的將來混搭在一起。

再如〈畫中有詩——題劉國松畫六首〉之〈金秋〉（收在《藕神》），想像重九清秋登臨高山絕頂，「回望身後」的情景：

> 山徑蜿蜒已迷失在霧裡
> 就算能回去，下面的世間
> 又經歷了幾劫？女媧頹然
> 放下新煉的補天石
> 任美麗而有毒的紫外線
> 穿透北極的漏孔
> 飛瀑一般落下

地球的氧氣層破了個洞，紫外線毫無遮攔地傾洩而下（今），與遠古神話中的女媧煉石補天（古），一起壓合在詩中。遠古洪荒的神話人物，同時面對今天二十一世紀，人類科學難解的棘手事，一樣束手無策。

〈畫中有詩——題劉國松畫六首〉之另一首〈月球漫步〉，稱頌美國阿姆斯壯登陸月球，也說：

> 不知嫦娥或黛安娜〔註78〕
> 為何沒出來迎接
> 來陪你一同步月

〔註78〕黛安娜（Diana），羅馬神話中的月神，天神 Zeus 和 Leto 的女兒，太陽神 Apollo 的孿生妹妹。祂的標誌是額頭上佩一彎新月、背著弓和箭袋，身邊有獵狗或公鹿，在山林間與眾女神狩獵，所以也被視為狩獵女神。

> 在寧靜海畔
>
> 或隕石坑邊

把 1969 年，美國阿姆斯壯登陸月球事，與羅馬神話的月神黛安娜、中國神話的嫦娥，同時並舉。

三、唯美的追尋

（一）正反相濟的美學

余光中對美的描寫，有直描，也有寫意，譬如他將伸展臺比為「接夢橋」，把如水仙的模特兒「引渡」出來。魚貫入場的模特兒就是「水仙的隊伍」，她們高抬下頦：

> 讓全世界苦苦伸頸
>
> 卻不肯展波一笑
>
> 矜貴的眼神
>
> 只對空青睞
>
> 不與仰慕者相交
>
> （〈時裝模特兒〉《高樓對海》）

這麼高傲的神情，隨著「曼妙的捷足」、「矯健的步伐」，如微風一般閃過，令人驚鴻一瞥。那姿態是「婀娜中帶著堅決」，「窈窕中帶著帥氣」，剛柔相濟，是一種柔中帶剛的冷豔美。當她們像一陣風似地走完臺步後，隨即就被接夢橋一一接走了。回想在伸展臺上的模特兒只消：

> 閒閒迴身，又是一季
>
> 轉趾，旋腰，擺臀
>
> 美學齊備於一身
>
> 端莊不妨蠱惑
>
> 把前衛的風格完成
>
> （〈時裝模特兒〉《高樓對海》）

詩人細數模特兒在臺上的每一個動作，讚美她們每一個動作都具備美學成分，那種美既端莊又有「蠱惑」之嫵媚，是站在時代尖端的「前衛」風格。在這裡，端莊、蠱惑、前衛、水仙，是詩人對模特兒的美所做的形容。

這種正反相濟的美學，也出現在詩人觀賞王俠軍的白瓷器裡：

> 危立得如此的穩健

　　　輕脆得如此的堅挺

　　　力學搭好的鷹架

　　　美學發揮成風格

　　　（〈歷劫成器──觀王俠軍磁藝展〉《藕神》）

外形呈「危立」之姿，卻顯得「穩健」；質地是「輕脆」的白瓷，卻感覺「堅
挺」；危而穩，脆而堅，這種相反相濟，運用力學所完成的美學，是王俠軍瓷
器的獨特風格。不只如此：

　　　古代禮器的典雅

　　　用現代感來變奏

　　　立體幾何的諧趣

　　　把商周的隆重解嚴

　　　（〈歷劫成器──觀王俠軍磁藝展〉《藕神》）

「典雅」「隆重」的古商周禮器，被王俠軍用「立體幾何」的「現代感」形式，
給「變奏」得詼諧有趣味性，一點也不顯得突兀。這古典與現代的融合，又是
另一個相反相濟的例證。

（二）幾何原理的美學

　　除前舉王俠軍用「立體幾何」的形式，成功地改變古禮器的拙重，使之產
生具有「現代」的美感外，詩人認為宇宙的運行也是符合幾何學原理的：

　　　其實星空的很多星體都是幾何學的那種線條構成，⋯⋯。希臘哲學家

　　　柏拉圖講過一句話，這句話英文翻譯叫做 god geometries，只有兩個

　　　字，上帝幹嘛呢？上帝以幾何之道來造天地，來運轉星辰，那個幾何

　　　學叫做 geometry，用幾何學方式來做這件事情叫做 geometries。〔註79〕

所以在〈畫中有詩──題劉國松畫六首〉之〈環中〉一詩裡（收錄在《藕神》），
詩人劈頭就說：

　　　天行乎幾何之大道

　　　⋯⋯

　　　天乎行幾何之原理

天體運行既是遵行幾何原理，那麼主宰宇宙運行的神，就是幾何學家了：

〔註79〕曹凌雲主編，〈藝術經驗的轉化──靈感的來源〉《雁山甌水──余光中溫州
　　　　行》。（北京：中國戲劇出版社，2011），頁 72～73。

> 神是最樸素的幾何學家
>
> 神說，最圓滿是球體
>
> 無礙無阻，運轉最流利
>
> ⋯⋯
>
> 而我們這水陸的大球
>
> ⋯⋯
>
> 將地平，水平，隱隱都拗成
>
> 多魁梧的弧線，呼應日輪和月輪

圓球體的弧形線條，使運轉流利，「無礙無阻」。「拋來又接去」的拋物線就是這種弧形線，人類的眼球也是如此：

> 最高妙的幾何學家，是神
>
> 把至小的眼球賜給凡人
>
> 讓我們用靈動的瞳人
>
> 去追攝陰陽至大的球體

人類用眼球看星體、觀萬物。用「至小」觀「至大」，這都是神這位「高妙」幾何學家的傑作，圓球體的「圓滿」性，詩人認為於此為最。

四、永恆的回歸

1967 年，余光中寫〈火浴〉（收在《在冷戰的年代》），表明對「一種不滅的嚮往」。他認為要到達這種永恆之境，需有一個「淨化的過程」。這個淨化的過程，「要水，也要火」，「要洗濯，也需要焚燒」，因為「沉澱的需要沉澱」，飄揚的就任它去飄揚。

詩人說天鵝屬第一種，在波光粼粼的寒帶冰海中，牠被滌淨了，水中映著牠完美的倒影，「似幻亦似真」。至於詩人選擇的淨化方式則是東方式的，他選擇「勇士的行程」──「蹈著烈焰」，從火中來，仍回火中去，這方式以鳳凰為代表。烈焰能燒死鴉族，卻「燒不死鳳雛」，於是一羽火顫顫的永恆太陽──鳳凰──就這樣在烈火中誕生了。

毀滅，對現代主義而言，可能是一種抗議，是消極的。可是在余詩中，毀滅不等於消滅，它像再造、重生，是一種昇華（sublimation），〔註 80〕是積極

〔註 80〕「昇華」（sublimation）是心理學名詞，指人類某些不被社會接受，而封藏在心裡，卻極有力的衝動，藉著昇華作用，迂迴繞到社會允許的路線去。它把社會認為是不道德或違反倫理的潛意識慾求，轉以社會較可接受的形式表現出

的。就像他形容屈原投江，是被江水滌淨，成為汨羅江神一樣，火也「燒不死鳳雛」，還有時間：

> 不知道時間是火燄或漩渦
> 只知道它從指隙間流走
> ⋯⋯
> 為了有一隻雛鳳要飛
> 出去，顫顫的翅膀向自由
> 不知道永恆是烈火或洪水
> 或是不燃燒也不迴旋
> （〈小小天問〉《白玉苦瓜》）

水與火是昇華所倚賴的媒介，也是一種象徵。永生的鳳凰要誕生，必得從火焰中來嗎？或許不需要，只消等「時間」漸漸去完成就可以了。但是「時間」是抽象的，它「不燃燒也不迴旋」，既不是烈火，也不是洪水；可是卻可以清楚地感覺到「它從指隙間流走」。讀者或許認為這形容不很恰當，卻也無法證明，所以詩人說「不知道」，只得問問老「天」了。詩人這樣地故做「不知」，實則是為製造氣氛，渲染「雛鳳要飛」奔自由的氛圍，說不知，實則已知。他要告訴讀者，「時間」是水、火之外，昇華的另一條途徑。

　　這種藝術昇華的浴火意象，除琉璃、陶磁器製品本身，就是高溫灼燒，有浴火之意義外，余光中也常將之用在音樂及舞蹈的表演上。在〈弄琴人〉（收在《在冷戰的年代》）中，他就以這樣的浴火為意象：

> 冷冷地
> 鋼琴那精粹的白焰在炙焚
> 這樣好聞的
> 　　　　一截時間
> 她就這樣坐在火上
> 以殉道者的溫柔仔細地撥弄
> ⋯⋯
> 而時間，怎麼愈炙愈芬芳

來。社會不但可以容忍這樣偽裝的形式表現，甚且可能給予大大的喝采。參見約瑟夫・洛斯奈（Joseph Rosner）著、鄭泰安譯，《精神分析入門》（*All About Psychoanalysis*）。（臺北：志文出版社，1971 初版，1994 再版），頁 83～85。

　　黃玫瑰的焦味中，一半

　　我睡著，一半，我醒

「精粹的白焰在炙焚」，是白鍵盤敲擊出的美妙樂章。詩人用魔幻寫實的手法，說彈琴者坐在鍵盤前，是坐在火上，他以生命、才華為脂膏，炙燒出「精粹的白焰」。鍵盤上所敲擊出的美妙樂音，就是這「精粹的白焰」。白焰「愈炙愈芬芳」，最後燒出「黃玫瑰的焦味」。「黃玫瑰」可以想像成弄琴人是黃種人，抑可以解讀為其所彈的曲子是「黃玫瑰」。不管是哪一種解讀，都無妨這焦味是「芬芳」的，它是用彈奏者浴火的白焰，所燒就而成的。其後在〈馬思聰之琴〉（收在《在冷戰的年代》），詩人又寫著「在弦上燃燒復燃燒的／是希望是希望是希望的火光」，他視音樂乃浴火而生之藝術，是極明顯的。

　　同樣地，在〈乾坤舞──為黃宗良舞蹈會作〉（收在《在冷戰的年代》）中，詩人以火災為意象：

　　……看，他的髮引燃

　　引燃了她的眼

　　而美麗的火災裏

　　分也分不清的一個八肢體

　　竟唱起一首旋轉的歌來

　　這種浴火昇華的象徵，有時轉而為炊煙，如〈炊煙──劉鳳學舞，張萬明箏〉（《在冷戰的年代》）

　　人間飯香

　　天上仙饞

　　炊煙是一聲空渺的呼喊

　　炊煙是誰在向黃昏揮手

　　炊煙是煙囪吟一首小令

　　土地公哼一哼

　　灶神吟一吟

　　吟到滿地江湖，滿天是星斗

　　雲中君是雲中的仙人，說

　　時間不早了呢，該上來睡覺了呢

　　說著，就把所有的炊煙都召上樓

　　都召上樓，都召上樓去了」

　　此詩一開始說在低垂的暮色中，村裡有人自遠方歸來，作者將之更具體地聯想成，是樵夫、漁父自雲霧、波濤中歸來，已有神仙化的跡象。接著，張萬明箏聲說黃昏倦了，劉鳳學的舞姿說黃昏在遠方打著呵欠、伸著嬾腰。炊煙像煙囟在細細低吟著一首小令，又像在揮手道別，輕巧而有韻味。

　　哼著，吟著，直吟到星斗滿天，雲中君——雲中的仙人——說話了，「時間不早了呢，該上來睡覺了呢」，於是炊煙被仙人「召上樓去了」。而弦留下，「箏留下，燭留下」，白衣的少女則令讀者自由想像。

　　炊煙可以視為是陶淵明〈歸園田居〉「曖曖遠人村，依依墟里煙」的想像，詩人把「曖曖遠人村，依依墟里煙」的景象神仙化，使詩境化為仙境；也是對劉鳳學舞藝，張萬明箏藝的肯定，其藝術造詣已臻爐「火」純青的地步，那樣輕盈靈巧，如炊煙裊裊，昇入神仙之境，真正體現那種空靈的神韻與秀逸、安詳與貞定的境界。

　　琉璃是從火中誕生的藝術，〈琉璃觀音——觀楊惠珊新作〉（收在《藕神》）中說：

> 有聲自淼茫之間傳來：
> 「烈火大劫是永生之門
> 當一切都燒個乾淨
> 此身就修得了自由
> 這琉璃的清涼世界
> 原來在酷燄中煉就
> 看我，已百害不侵」
> 是誰在耳語傳喻呢？

這段話完全是〈火浴〉的呼應：

> ……而浴於火
> 火浴更可羨，火浴更難
> 火比水更透明，比水更深
> 火啊，永生之門，用死亡拱成
> 用死亡拱成，一座弧形的挑戰
> 說，未擁抱死的，不能誕生

置之死地而後生，烈火像一座弧形的拱門，它燒死一切，所以說它是「用死亡拱成的」的。一切都燒淨了、褪淨了，才得以修得「自由」，允臻「清涼世界」，

「永生」因之誕生,所以說「未擁抱死的,不能誕生」。詩人用這樣的矛盾語,
反襯出這弧形的拱門也是「永生之門」。正如〈歷劫成器——觀王俠軍磁藝展〉
中所說:

> 壯烈的身後驀然回首
>
> 清醒的不朽已經修成
>
> 滿足了潔癖,甜白的雪膚
>
> 觸目無憾,觸手更滿足

王俠軍白磁不朽之「甜白的雪膚」,是「壯烈」地「歷盡火劫」之後所修成的,
楊惠珊的琉璃更是如此。「純淨」「透徹」的琉璃觀音,正是比水「透明」的酷
燄所燒就的,這「酷燄」也就是〈弄琴人〉所說炙焚之「精粹的白焰」。

回歸永恆除了浴火的焠煉外,還有巧匠的轉投胎及其「巧腕」的引渡:

> 為你換胎的那手,那巧腕
>
> 千晞萬睞巧將你引渡
>
> 笑對靈魂在白玉裡流轉
>
> 一首歌,詠生命曾經是瓜而苦
>
> 被永恆引渡,成果而甘
>
> (〈白玉苦瓜——故宮博物院所藏〉《白玉苦瓜》)

巧匠的「靈魂在白玉裡流轉」,將「生命曾經是瓜而苦」的苦瓜,引渡「成果
而甘」——這種似格言的結論,使之張力十足。苦瓜從此不再澀苦,而是一隻
圓滿、成熟的白玉苦瓜。它渾身清瑩剔透:

> 完美的圓膩啊酣然而飽
>
> 那觸覺,不斷向外膨脹
>
> 充實每一粒酪白的葡萄
>
> 直到瓜尖,仍翹著當日的新鮮
>
> (〈白玉苦瓜——故宮博物院所藏〉《白玉苦瓜》)

那種充盈的飽鮮感,不只來自渾身的每一「酪白」顆粒,即若瓜藤尖端,「仍
翹著當日的新鮮」。它「在時光以外奇異的光中／熟著」,「飽滿而不虞腐爛」。
詩人稱此時光以外的世界為「永恆」——「一個自足的宇宙」:

> 為什麼假的苦瓜比真的苦瓜名貴?因為它是藝術品,它不是平凡的
> 生命,凡生命就必然會死去,它的生命卻是藝術賦予的,所以不會

死去。〔註81〕

又如翠玉白菜：

> 前身是緬甸或雲南的頑石
>
> 被怎樣敏感的巧腕
>
> 用怎樣深刻的雕刀
>
> 一刀刀，挑筋剔骨
>
> 從輝石玉礦的牢裡
>
> 解救了出來，……
>
> （〈翠玉白菜〉《藕神》）

翠玉白菜的玉匠將自己的精魂，投生在玉胚深處，翠玉白菜才能超脫時光，「不讓時光緊迫地追捕」而永存不朽。至今仍是「猶翠的新鮮」，生鮮欲滴呢。

五、夢境的寄託

余光中觀畫，也常將自己的心境與夢境「移植」入畫境中，劉國松畫秋紅的「楓」火，就使他沉入赤色的夢魘中：

> 是楓樹的秋燒
>
> 引燃晚霞的野火？
>
> 還是天邊的火勢
>
> 烘熱窗前的酡顏？
>
> 烈焰炎炎正燎原而來
>
> 秋天已經快威脅窗台
>
> 正在做夢的窗裡人
>
> 枕頭渡向曖昧的幻境
>
> （〈畫中有詩──題劉國松畫六首〉之六〈窗外秋聲窗裡夢〉《藕神》）

窗外的楓紅加上天邊晚霞「野火」的助燃，赤熱熱的烈燄燎原而來。「一粒兩粒火星」侵「越過了窗台」，讓以枕為舟，航入夢境，「正在做夢的窗裡人」，「炎炎」地燒灼起來：

> 赤豔豔的秋之血
>
> 魂魄深處的一場火災

〔註81〕 劉思坊記錄，〈記憶像鐵軌一樣長──余光中對談陳芳明〉《印刻文學生活誌》第肆卷第玖期。(臺北縣：印刻文學生活雜誌社有限公司，2008 年 5 月)，頁 91。

　　正沿著記憶的腳印

　　躡進他的夢來

　　（〈畫中有詩——題劉國松畫六首〉之六〈窗外秋聲窗裡夢〉《藕神》）

不管記憶中的那場「火災」，是大陸赤化、赤色恐怖，抑或是其他熱火燒心的
事，總之，它正以夢魘之態「躡進他的夢來」……。

　　對鄉愁詩人余光中來說，回鄉的夢境，應是他常常夢見的。宜蘭畫家王攀
元的畫，就輕易地撩起他的鄉愁：

　　再攀也攀不著，一彎月亮

　　再挽也挽不回，一丸夕陽

　　再尋也尋不到，一座古屋

　　無論黑犬如何追

　　或是孤雁如何趕

　　愈來愈深的暮色裡

　　只剩一根地平線

　　似久斷又似相連

　　一端牽在夢那頭

　　一端掛在海這邊

　　（〈牽掛——題王攀元畫境〉《藕神》）

這幅畫面應是詩人心中最深層的夢境——一個蒼茫而孤寂的夢境：逐漸加深
的暮色和一「根」地平線：地平線上，或是一丸夕陽，或是一彎月亮；地平線
下，或古屋，或黑犬，或孤雁，餘則四野蒼茫。黑犬尋不著，孤雁攀不上，可
牠們又那麼辛苦地趕著，為了一個回鄉夢吧。為那個已經可以回去，卻忍痛不
歸的故鄉吧。地平線的一邊「牽」在海的那一頭，另一邊則「掛」在海的這一
頭，這就是令王攀元「牽掛」的夢境。這夢境從離鄉的那一刻，就一路相隨—
—王攀元的畫境，就是一個有家歸不得、淒苦而孤獨的夢境。這夢境是王攀元
的，又何嘗不是余光中的。

第八章　余光中臺灣詩中的神話運用

誠如本文第三章至第七章所論，余光中詠寫臺灣，會不時地出現神話傳說的意象，這些意象所傳達的象徵意涵，本章予以綜合整理，分從余光中臺灣詩中神話傳說的象徵運用、余光中臺灣詩「火」的意涵以及永恆的追尋等三節，進一步說明，余光中如何運用神話，及其扮演的角色與作用。

第一節　神話傳說在余光中臺灣詩的象徵運用

一、神話傳說在余光中臺灣詩中的作用

現實主義（Realism，或稱「寫實主義」）者追求逼真，給人一種忠實記錄或反映現實生命的印象。[註1]他們企圖將詩中的主題，描寫得像現實生活那樣地真實可信，就像相片所呈現的那樣：

> 現實主義或曰追求逼真的藝術，會喚起人們如下的反應：「這一切，與我們所知的事多麼相似！」……若說現實主義藝術是含蓄的明喻，那麼神話便是一門通過含蓄隱喻來體現同一性的藝術。[註2]

藝術是人創造的，是人為的。它雖像一朵人工花，若經高明藝匠的妙手巧造，也能創造比真花更「真」、更有吸引力的作品來：

[註1] C.Baldick，《牛津文學術語詞典》（*The Concise Oxford Dictionary of Literary Terms*）。（上海：上海外語教育出版社，2000），頁184。

[註2] 諾思羅普·弗萊（N.Frye）著，陳慧、袁憲軍、吳偉仁譯，吳持哲校譯，《批評的解剖》（*Anatomy of Criticism*）。（天津：百花文藝出版社，2006），頁193。N.Frye, *Anatomy of CriticismFour Essays*, （10th printing）（New Jersey: Princeton University Press, 1990），p.136。

> 凡藝術莫非是弄假成真
>
> 弄假成真，比真的更真〔註3〕

譬如一首詩，能說出嘴巴難以說清的意思，讓它在讀者腦中逼真地呈現出來；看似無理，可仔細一想，竟是通情達理的。所以藝術不需純然地寫實：

> 如果純然寫實，也不成其為藝術。古典詩人只是用現實做跳板，跳到一個虛實相生、若即若離的意境。畫家高敢就說，藝術家創作，是面對自然做了一個夢。〔註4〕

在半個多世紀中，詩人自言有幸居住在臺灣，以臺灣人、事、景、物入詩。這些人、事、景、物一旦入詩，就不再是臺灣實境的人、事、景、物，而是藝術的「意象」與「意境」——尤其是地理景物，就像唐朝詩人李賀說的「筆補造化天無功」。李賀的這句話大膽而武斷，卻可用來說明余光中臺灣詩所呈現的詩美學，特別是神話傳說的部分。以神話傳說入詩，余光中不是第一人，中國五四以後的三十年間，專力於神話藝術的詩人，首推郭沫若。楊牧認為他用中國古典神話和地中海神話入詩，反映時代與社會的問題，頗有貢獻：

> 神話是現代西方文學不可或無的藝術規範和哲學憑藉。……中國自有新詩，就有神話的因素。……詩，尤其是現代詩，之所以有它的意義，必須先能充分表達它站立在現實時代環境上的藝術目標。在傳達古典神話的時候，不能降格為傳統資料的演義——因為詩不可以抹煞神話日新又新的哲學面貌，詩不可以曲意與音韻和古典縫合；否則詩便侮辱了神話。一個現代詩人使用古典神話，必須把握葉慈的理想，具備艾略特的技巧，擁有龐德的胸襟。然而我們三十年來的現代詩人之表現神話，絕大部分僅止於「說故事」，而不是真正以大胸襟、大技巧在闡揚任何大理想。學養不足，精神委靡，是其大害。〔註5〕

可見以神話傳說入詩，並非易事，稍一不慎，將墮入牽強、老套之譏。若說神話傳說是舊瓶，那麼詩人的才思就是新酒。余光中常以神話入詩，源自詩人本身就是個神話迷，自云神話世界的童心與天真，是他創作的根源：

〔註3〕余光中〈翠玉白菜〉中句，收在《藕神》。
〔註4〕余光中，《高樓對海・後記》。（臺北：九歌出版社，2000年初版、2007重排初版），頁208。
〔註5〕楊牧，〈神話與現代詩〉。見於王孝廉，《神話與小說》。（臺北：時報出版公司，1986），頁326～327。

　　童心是詩心的來源
　　天真是天才的起點
　　童心是敏感的指針
　永遠指向母愛的磁場
　　永遠指向
　母語深層的金剛石礦
　（〈童心〉《太陽點名》）

童心與天真所指向之處，一定是「母愛的磁場」、「母語深層的金剛石礦」。余光中的臺灣詩，就處處指向這「磁場」，深入挖掘母語的「金剛石礦」。他把神話傳說入詩，並不因襲傳統窠臼，而是將神話傳說翻新。翻新的方法是絕不把神話傳說的故事重說一次，也不加入與之相關的傳聞軼事，添枝加葉地將神話傳說加以演義，再炒一次冷飯。在其臺灣詩中，詩人是讓神話傳說中的神仙或精靈，雖在詩中重現，卻是虛處，彷彿這些神仙精靈仍活在我們的世界中，如西子灣的海神、墾丁銀葉板根的海妖、蘭嶼龍岩的精靈、屏東枋寮的牧神等等。這些神仙、妖靈，雖虛寫在詩中，卻鮮活得好像就實處於該處，跟真的一樣；就這樣，讓詩營造出如神話傳說的天真世界，遠古神話傳說的意象與意境，就自然而然地活現在臺灣的山水風物中。

　　余光中臺灣詩裡的這些神話傳說質素（element），粗看好像只是裝扮點飾的作用，卻往往能為詩製造神話理想的意境與童趣，是極關鍵的裝點與造趣，這便是遠古神話傳說的質素，在余光中臺灣詩中所起的作用。

二、臺灣山水中的神話傳說運用

　　余光中寫臺灣山水，除南投惠蓀林場、墾丁浪淘沙與風吹沙、高雄月世界，用佛教的輪迴觀與因緣說外，其餘大多以神話傳說描寫。余光中不是將古神話傳說「再造」，而是將古典的神話傳說接續上現代的臺灣──牧神在墾丁公園午寐，也在屏東枋寮的西瓜田、甘蔗園與香蕉園裏；海神與詩人做了鄰居；山神把迷幻鏡私藏在霧社的碧湖，「波光流眄六社的孩子」。這些神祇不時地出現在臺灣的山水中，彷彿是臺灣的守護神，守護著臺灣。

　　因此余光中筆下的臺灣山水景物，是個萬物皆有靈的世界，處處都有自然的精靈：女巫調製的藍眼迷幻鏡，在蘭嶼的天池攝人心魄；傳說的綠色巨靈被網在墾丁的青蛙石；蛟龍在蘭嶼的龍頭岩，隨時都會翻身飛騰而去；小蘭嶼的「一對黑毛獅子」「鎮守在岬口」……。臺灣在詩人的筆下，成了生機勃勃的

神話傳說世界。它是余光中理想的世界，余光中把它天真地與神話世界「類比」：環繞在臺灣四周的海洋是「水藍的荒漠」，滿肚子沉船和鏽錨的故事，祕藏了無數的珍寶。縱貫臺灣的山脈，就是遠古的「洪荒」世界：

> 澗中盛著許多大卵石
>
> **盤古的雞蛋**，總在那裏
>
> ⋯⋯
>
> 中午很靜，子夜很吵
>
> **天河的水聲**常令我失眠
>
> （〈大度山〉《五陵少年》）

> 就發現神話很守時
>
> 星空，非常希臘
>
> 小葉在左，聰聰在右
>
> 想此行多不寂寞
>
> 燦亮的古典在上，**張著洪荒**
>
> 類此的森嚴不屬於詩人，屬於先知
>
> （〈重上大度山〉《五陵少年》）

年輕時候的余光中是這樣看山，老成後的余光中也是這樣看山：

> 天黑地白，終古相對
>
> 這便是你的面貌麼，**洪荒**
>
> （〈雪山二題——觀王慶華攝影〉之一〈至尊〉《高樓對海》）

在這個洪荒世界裡，有自然的合理秩序，萬物和諧共處。玉山是統領眾山的至尊，雪山是眾山的至尊長老，其餘大小山峰則是鎮守各山脈的長老。

　　陳幸蕙認為余光中寫臺灣山水，其中幾首有「可喜的幽默，頑皮的趣味，輕鬆的美感以及無目的的快樂」，可稱為童話詩。〔註6〕黃維樑稱余光中「是墾丁山水文學處女地最辛勤開墾、最有實績的園丁」，其所寫的臺灣「山水風物的壯麗、甘美、可愛」，堪以陸機〈文賦〉「其為物也多姿，其為體也屢遷，其會意也尚巧，其遣言也貴妍」形容，〔註7〕甘美、可愛、多姿，沒有天真、

〔註6〕黃維樑，〈1980年代以來余光中的鄉土詩〉《世界華文文學的新世紀》。（長春市：吉林大學出版社，2006），頁339。

〔註7〕黃維樑，〈1980年代以來余光中的鄉土詩〉《世界華文文學的新世紀》，頁339～345。

純淨，能回歸到人類最原始的純真心態，是做不到這層境地的。

三、現實生活中的神話傳說運用

即使是現實生活，余光中也把神話傳說融入、接合，他用一隻藍墨水把臺灣現實生活和神話傳說接通，於是有時臺灣的現實世界，也充滿原始、天真的童趣。

這是因為詩人常用一種神話的心靈、神話式的思維去看待現實世界，反映在詩中的，就是那種絲毫未沾染墮落概念之原始、天真與純淨的心態，總讓讀者有置身童話世界，恍如在童話仙境一般。

大大小小的道路、街巷縱橫的城鎮，而「路程」這一隱喻又與一切

寫歷險、探索、尋求的文學分不開。〔註8〕

所以早期臺北的廈門街是詩人寂靜的「時光隧道」，從青少年到壯年，那一大段路程的探險與摸索，廈門街都陪他度過——父親的長青樹像生命之樹般守護著家；踢踢踏、踏踏踢的木屐聲，永遠在廈門街迴繞。

又如初夏高雄的好天氣「是神的好脾氣」；西子灣外，中山大學文學院四方紅樓面海的排窗，有一匹側踞的海獸怪石鎮守；坦蕩又豪爽的海神就住在詩人的隔壁，雖然得隨時提防祂「發起藍色的脾氣」，卻隨時可以聽到祂驚人肺活量的鼾聲……，廈門街與西子灣在余光中的筆下，也都是神話傳說的世界。

在基督教中，具體共相是以三位一體（Trinity）形式，運用于神祇世

界的。〔註9〕

在神的世界，神既是神，也是人。祂可以化身為動物、植物或無機物，日月星辰等熾熱的天體，也都可以存在神和人的軀體中。就像耶穌是上帝的兒子，既是神也是人，聖餐的麵包和酒，都可以化為耶穌的血與肉一樣。

在《聖經》中，生命之樹的葉片或果實可以代替麵包和酒，〔註10〕羊也是

〔註8〕諾思羅普・弗萊（N.Frye）著，陳慧、袁憲軍、吳偉仁譯，吳持哲校譯，《批評的解剖》（*Anatomy of Criticism*）。（天津：百花文藝出版社，2006），頁205。N.Frye, *Anatomy of Criticism: Four Essays*,（10th printing）（New Jersey: Princeton University Press, 1990），p.144.

〔註9〕諾思羅普・弗萊（N.Frye）著，陳慧、袁憲軍、吳偉仁譯，吳持哲校譯，《批評的解剖》（*Anatomy of Criticism*），頁201。N.Frye, *Anatomy of Criticism: Four Essays*,（10th printing），pp.141〜142.

〔註10〕諾思羅普・弗萊（N.Frye）著，陳慧、袁憲軍、吳偉仁譯，吳持哲校譯，《批評的解剖》（*Anatomy of Criticism*），頁204。N.Frye, *Anatomy of Criticism: Four Essays*,（10th printing），p.141.

他們重要的動物，牧歌因此成為文學的原型。〈埔里甘蔗〉視甘蔗為仙笛，是「可口的牧歌」，是南投「春雨的祝福釀成」的。〈車過枋寮〉說「雨是一首淫淫的牧歌／路是一把瘦瘦的牧笛」，瘦瘦的牧笛吹著淫淫的牧歌，長出肥肥胖胖的香蕉、肥肥甜甜的西瓜、肥肥甜甜的甘蔗來。甘蔗、西瓜、香蕉就是生命之樹的果實。

詩人每天早餐吃的葡萄柚也是：葡萄柚盛在白玉為底的青花瓷盤裡，和著「赤霞金曦」，詩人挖完北半球，再挖南半球，最後涓滴吸入口中，這樣的動作大有天神仰吸宇宙之氣概。

四、愛情的神話傳說運用

弗萊認為在神話中，最神聖的性愛形象是夫妻情篤或貞潔的處女。余光中與范我存鶼鰈情深，已在前章細論過，而貞潔處女的形象則出現在〈弄琴人〉：

多纖弱的童貞女啊

　　　　她的手

有一種催眠的姿勢

（〈弄琴人〉《在冷戰的年代》）

這三句詩行的排列還刻意模仿鋼琴的黑白鍵。

至於對愛情的執著與堅貞，〈墾丁十九首〉之〈山海瀑〉寫女子為愛的義無反顧；〈墾丁十九首〉之〈保力溪砂嘴〉寫情人橫遭阻攔，苦苦等待明年夏天衝開禁令的那一刻；〈蘭嶼六景〉之六〈情人洞之二〉寫癡情女苦候薄情郎，都是歌頌對愛情的真誠不悔。

當性慾的滿足受道德譴責時，詩人也會迂迴曲折地繞路，以維持道德的平衡——其實它仍是偏離傳統的道德規範——又能滿足慾念的想望。如詩人詠寫水果，就常有母親或妻子說容易上火不能多吃的警告。這種警告象徵偏離傳統道德規範，不可任性而為的意味；然而情慾的想望又豈是聲聲禁令所能抑制得了的：

> 希臘神話說人原來有四隻手，四條腿，正反兩個面孔。其體能與智慧威脅了神的權威，宙斯大神便把人劈成兩半，所以每個人都是整體的人的殘缺的一半。尋找愛侶便為找到那切開的另一半。這裡面透露了愛情深刻的本質，說明了沒有愛情的人生是殘缺的人生，愛

情是相愛雙方自我的完成。〔註11〕

從此以後，每一個男性都在尋求他女性的另一半，以便與她重新結合；即使已有美滿的婚姻，但「那切開的另一半」，卻似乎永遠有些「殘缺」，在你猝不及防時，悄悄地從潛意識浮上來，催促你再去尋找「那切開的另一半」。這種糾結情愫，余光中巧妙地將之轉換成對水果的垂涎，如此既能躲避道德規範，又能獲得欲望的滿足。

如詠安石榴，詩人比之為異國邂逅的美女，將豔遇時那種患得患失的心理抒發得淋漓盡致。更有甚者，還有想入非非的性愛遐想，如詠番石榴，將之設想為心儀女子，不但「狠狠地咬」下，飽嘗「染紅人嘴唇那樣的甘美」。又如詠荔枝，說入口是「裸露的雪膚」，化作「消暑的津甜」；寫芒果則說「向最肥沃處咬下」；詠水蜜桃時，則云「一襲輕輕的什麼／牽一牽就褪掉了」。在享受這些甜滋滋水果的同時，詩人也像是在與女子享受情愛一樣。這種方法既能滿足個人的慾望，又能符合世俗人情。讀者讀來不但覺得親切，水果又唾手可得。更重要的是，它約束在道德許可的範圍內，可說是極巧妙的轉移手法。

第二節　余光中臺灣詩中「火」的象徵運用

在中國古典詩人中，屈原是余光中極推崇的一位。他盛讚屈原是高潔的烈士，「烈士的劫火，用水來安慰」，所以他封屈原為汨羅江神。在余光中的詩中，「水」與「火」都是劫難的象徵，西方文學也大抵如此：

> 象徵體系在從一層次向另一層次躍進時，就應像《魔笛》中的塔米諾一樣，必須經受水深火熱的磨難。在詩歌的象徵中，人生在世間，頭頂上是烈火，腳底下是深水。但丁必須穿過一個火環和伊甸園之河，方才能從煉獄之山（煉獄還建在我們人世間）升向天國。〔註12〕

古籍中不斷地有欲躍昇入另一更高的境地，就必得經過「水」深「火」熱考驗的記載：

> 《聖經》中眾天使四周的光和火的形象、聖靈降臨時傾下來的火舌

〔註11〕何懷碩著，《孤獨的滋味》。(台北縣新店市：立緒文化，1998)，頁299。

〔註12〕諾思羅普‧弗萊 (N.Frye) 著，陳慧、袁憲軍、吳偉仁譯，吳持哲校譯，《批評的解剖》(*Anatomy of Criticism*)。(天津：百花文藝出版社，2006)，頁206。N.Frye, *Anatomy of Criticism: Four Essays*. (10th printing) (New Jersey: Princeton University Press, 1990)，p145。

及六翼天使塞入以賽亞嘴中的火炭，都把火與宗教或天使的世界聯

繫起來，而這個世界是位於人世與仙境之間的。〔註13〕

在猶太教與基督教裡，神總是在火光中現形，四周有天使——如熾天使撒拉弗
（Seraphim）、智天使基路伯（Cherubim）等等——在火光中簇擁著。《出埃及
記》裡，摩西在西奈山上，看見神的使者在火燄焚燒的荊棘叢中顯現。這些都
在說火是向上提升的媒介，他們都是人間通向聖境的原型。〔註14〕這原型後來
演變為祭神儀式裡的焚燒牲口，然後又變為祭壇上香煙裊裊或煙火繚繞的景
象，現在則是祭典儀式中的燭臺等象徵。總之，「火」是人世與聖境溝通、聯
繫的象徵媒介，火焚也是躍進更上一層次所必要的磨鍊過程。〔註15〕

一、人世的昇華

（一）「火」是昇華的媒介

余光中認為「火」是躍昇永恆的法門之一。「烈火大劫是永生之門」，〔註16〕
〈火浴〉是對燃燒中的火鳥，化為長生不死鳳凰的讚頌。他又自喻為火山，當
華髮初生時，就準備把一頭的黑髮豪賭成一座「雪火山」。他要自己這座火山，
在歷經半生的風雪後，還能用頂上的雪水，灌溉、滋長來日的筆耕。這些都是
余光中須經烈火燒煅，始得昇華為永恆的象徵。

同樣地，對藝術造詣的肯定，余光中更常以「火」為意象。詩人甚至以魔
幻寫實的手法，直接寫藝術表演者就在火中燃燒：〈乾坤舞〉是美麗的火災；
〈弄琴人〉裡，彈琴者就坐在火上，而「鋼琴那精粹的白焰在炙焚」。兩者都
是用火燃燒的意象，讚美他們不凡的藝術成就。他讚賞芭蕾舞，說她們：

　　那麼高蹈的舞步

〔註13〕諾思羅普・弗萊（N.Frye）著，陳慧、袁憲軍、吳偉仁譯，吳持哲校譯，《批
　　　評的解剖》（*Anatomy of Criticism*），頁206。N.Frye, *Anatomy of Criticism: Four
　　　Essays*.（10th printing），p145。
〔註14〕「seraphim」是神之使者中最高級的，是光、火和愛的象徵，神座的看守者，
　　　它是光與思考的靈體，沒有形象，可直接和上帝溝通，其徽章是火焰，代表純
　　　潔與愛。「cherubim」是伊甸園的守護者，在亞當、夏娃被逐出伊甸園後，被
　　　派駐伊甸園東方，手持旋轉的火焰之劍，同時護守生命之樹。
〔註15〕參見諾思羅普・弗萊（N.Frye）著，陳慧、袁憲軍、吳偉仁譯，吳持哲校譯，
　　　《批評的解剖》（*Anatomy of Criticism*）。（天津：百花文藝出版社，2006），頁
　　　206。N.Frye, *Anatomy of Criticism: Four Essays*.（10th printing）（New Jersey:
　　　Princeton University Press, 1990），p.145。
〔註16〕余光中〈琉璃觀音——觀楊惠珊新作〉詩句，（收在《藕神》）。

　　跟世俗幾乎不接觸
　　　力的平衡
　　　美的長駐
　　似乎有音樂在引路
　　　潔白無斑
　　　如此雍容
　　只能從烈焰中煉出
　　（〈芭蕾〉《太陽點名》）

這裡直接點出非凡的藝「術」成就，是「從烈焰中煉出」來的；若非經烈火淬煉，怎得如此「高蹈」不俗。

　　對藝術家卓越的表演與表現，余光中又常以「炊煙」喻之，似乎是說其藝術，已有「神的神通」，出神入化了。劉鳳學的舞蹈、張萬明的箏曲與鄭愁予的詩，余光中都以「炊煙」象之。這與劉勰讚美屈原是「驚才風逸，壯采煙高」，正好相同。〔註17〕裊裊「炊煙」直升天際，彷彿超凡成仙，寓含不凡、超俗，迥非常人所能之意。詩人認為這些藝術家所成就的藝術之境，已讓人有進入仙鄉之感。

（二）「火化」是淨化的過程

　　「火」既象徵從一個層次躍昇入另一層次，是人間進入仙境的媒介，因此火化也象徵一種淨化的過程：

　　　　這個火燄的世界若非純潔得完美無瑕的人，是誰也無法通過的，斯
　　　　賓塞筆下的布西雷恩城堡，但丁描寫煉獄頂端的淨火及逼迫墮落的
　　　　亞當與夏娃離開伊甸園的火劍，都屬這類例子。〔註18〕

把一切污垢都燒個乾淨，自然潔淨無瑕。白淨透明最能象徵這種純淨，所以在〈琉璃觀音〉中，詩人讚頌楊惠珊的琉璃觀音，說「凌波的觀音如此純淨／冰肌玉骨都已經透徹」，故能昇入虛明幻境。在〈歷劫成器〉中，詩人讚美王俠軍的白磁，說它「歷盡火劫」，「滿足了潔癖，甜白的雪膚」，已經修成「清醒的不朽」。

〔註17〕語見劉勰《文心雕龍・辨騷》。
〔註18〕諾思羅普・弗萊（N.Frye）著，陳慧、袁憲軍、吳偉仁譯，吳持哲校譯，《批
　　　　評的解剖》（*Anatomy of Criticism*）。（天津：百花文藝出版社，2006），頁215。
　　　　N.Frye, *Anatomy of Criticism: Four Essays*.（10th printing）（New Jersey: Princeton
　　　　University Press, 1990），p.152。

「白」色因此成為余光中臺灣詩中的「聖色」，它是純潔、唯美的象徵。大白斑蝶是天國「唯美的使徒」，白水仙是「美的凱旋」，曇花一現是「仙跡」，〈野百合之王〉是「仙人的樂章」。凡此都足以證明，白色在詩人心中的聖潔地位。更別說讓他「泅一整個夏天」，只為採一朵「在水中央」「倒影翩翩」的白蓮了。

孔雀和天鵝是鳥類中，極令人注目的佼佼者。詩人讚美楊麗萍的舞姿如「白孔雀的翩翩」以及〈炊煙〉中的白衣少女，也都是白色的。只有〈鴨塘〉裡的白鴨例外，詩人以漂白的鴨子，象徵漂白、虛偽的民意代表與政客。

反之，黑色則是「惡色」，如〈黑雲母〉憐憫亡兒之母遭逢惡劫、〈九月之慟〉以黑色哀憐悲慟的九月。

（三）昇華的聖境：不朽的黃金城

人的靈魂經火焚燒、淨化，飛昇入永恆之境，這種火的提升意象，若施之於城市，那就是色如赤燄的黃金城了。《聖經‧啟示錄》中，上帝之城珠宮貝闕、金碧輝煌，每塊石頭都閃耀著寶石般的光芒。余光中描寫雨夜的高雄港，說它亮著「半港的燈光」，「有的浮金，有的流銀」，正像「一池燦燦的睡蓮／深夜開在我牀邊」（〈雨，落在高雄港上〉《安石榴》）。高雄港變成一池燦燦的睡蓮，正是從黃金城這原型轉變來的。在〈木星衝〉中，詩人說高雄「偎」在「一隻雕花的藍水晶瓶」底；星光就是水晶瓶的雕花，高雄是這藍水晶瓶的一部分。此時，黃金城又變成星輝燦爛的藍水晶。可見在余光中眼裡，高雄與高雄港已有如黃金城的地位了。

二、墮落的現實

火的意象若出現在墮落的臺灣現實世界，余光中則以燈火等發光體或爆炒油火為意象：

> 看下面這海港燈火正豔
>
> 何時才安枕呢，這虛榮之市？
>
> 何時才驚寤呢，這世紀之魘？
>
> 超載之島啊用剩的地球
>
> 不夜的燈市真能掩蓋
>
> 下一個世紀隱藏的大憂？
>
> （〈讀夜〉《藕神》）

豔射得令人不能直視的燈火，是「虛榮」浮華的象徵，滿載著貪婪慾念的臺灣，

將伊於胡底，是詩人不能安枕，深以為憂的夢魘。

　　又如〈飛碟之夜〉，說安祿山的幽浮大舉入侵長安的那一夜，長安在嚴重的空氣污染中，「街燈」之上閃爍著「如網的霓虹燈」。又如〈飛越西岸〉，批評居心叵測、慾壑難填的政客，是在金絲網中心操弄的那隻黑蜘蛛。當詩人從飛機的機窗俯瞰臺灣西岸時，那「燦燦的夜景」是金絲線所織就的密密「金網」；而在那張大蜘蛛網裡，象徵貪婪、自私等人性的蛾、蝶、金甲蟲等，都是「顫動的發光體」。〈火金姑〉中詩人懷疑是交通燈、霓虹燈、街燈，那千萬盞刺人眼目的「紛繁」，把火金姑趕走了。

　　於是就像所多瑪（Sodom）大火焚城那樣，[註19] 詩人也常幻想，來個「沒有災情」的颱風夜大停電：

> 歐菲莉，飛旋而來的風神
>
> 挾你反時針的氣勢
>
> 扭轉太陽的火輪，給我們
>
> 一個驚喜的停電夜吧
>
> ……
>
> 讓我，在風雨咆哮的中央
>
> 燃起一枝念舊的白燭
>
> 一首漢魏的古詩
>
> 為家人輕輕地吟哦
>
> 像幼珊姐妹小時候那樣
>
> （〈歐菲莉〉《安石榴》）

讓臺灣被颱風點了「穴」，暫時定住，暫時不再囂張、貪婪，也讓性急的未來等一等。解嚴後眾口交攻、眾議難諧的臺灣，詩人喻為「火爆小油鍋」，在這小鍋裏，各政黨、利益團體「油爆」之猛烈，可想而知。「燈火」、「火爆油鍋」都象徵臺灣墮落的現實。

第三節　永恆的追尋

　　對永恆的憧憬，希望存在永恆之祕境，是詩人、哲學家與宗教家共通的理念。對鄉愁詩人余光中來說，他的鄉愁有「地理的鄉愁」，有「文化的鄉愁」，

［註19］所多瑪城（Sodom）被神降火焚燬，見《舊約‧創世紀》。

還有伊利亞德（Mircea Eliade）所說的「存在的鄉愁」：

> 渴望重回起源的時間，也就是渴望回歸眾神的臨在，回歸那恢復穩
> 固、直接、純淨、存在於「彼時」的世界。對神的渴望，同時是對存
> 在的鄉愁。〔註20〕

那是一種對永恆不朽的渴望，余光中要「與永恆拔河」，其歷程就是：追尋→
歷劫→昇華→回歸永恆的一種過程。

> 〈駛向拜占庭〉一詩中，那棵黃金鑄成的樹及棲息在枝頭那只工匠
> 製作的鳥，以令人想起煉金術的形式，將植物世界與礦物世界合為
> 渾然一體。〔註21〕

在柏拉圖的《理想國》中，個人的理智、意志及欲望，常藉賢君、衛士及藝匠
等呈現。〔註22〕在余光中的臺灣詩中，工藝巧匠尤受詩人讚賞。

藝術作品不僅是余光中審美的目標，透過這些藝術品更讓他找到永恆的
信仰。他欲藉如藝匠之巧手達成永恆不朽的想望。〈白玉苦瓜〉說玉匠用其巧
腕，將之引渡「在時光以外奇異的光中」，而玉匠的靈魂也在白玉裡流轉。詩
人以玉匠的白玉苦瓜，象徵曾經是瓜而苦，「被永恆引渡，成果而甘」的自己
或中國。〈翠玉白菜〉說是玉匠憑著「敏感的巧腕」，將「亦翠亦白」之玉石雕
琢成「翠玉白菜」；其耿耿精魂「投生在玉胚的深處」，「他就是玉匠轉胎」的。
〈橄欖核舟〉則說是木匠「神雕又鬼刻」的妙手，將一寸半長的橄欖細核，「剔
成」精緻的小船，讓〈赤壁賦〉那晚的月色永不褪色，至今還嫋嫋不絕地曳著
當晚的那一縷簫聲……。

余光中尤喜以白鷺或白鶴飛起為永恆不朽意象，如〈寄給畫家〉寫席德進
的水墨畫，總有一兩隻白鷺「記起了什麼似地，飛起」。〈觀仇英畫〉說畫中那
隻鶴不耐久等，「一張氅早已飛去」。這些都是余光中藉之表達追求永恆不朽的
意志表現。

〔註20〕伊利亞德（M.Eliade）著，楊素娥譯，《聖與俗——宗教的本質》。（臺北：桂
　　　　冠圖書公司，2001），頁139。
〔註21〕諾思羅普‧弗萊（N.Frye）著，陳慧、袁憲軍、吳偉仁譯，吳持哲校譯，《批
　　　　評的解剖》（*Anatomy of Criticism*）。（天津：百花文藝出版社，2006），頁207。
　　　　N.Frye, *Anatomy of Criticism: Four Essays.*（10th printing）（New Jersey: Princeton
　　　　University Press, 1990），p.146。
〔註22〕諾思羅普‧弗萊（N.Frye）著，陳慧、袁憲軍、吳偉仁譯，吳持哲校譯，《批
　　　　評的解剖》（*Anatomy of Criticism*），頁202。N.Frye, *Anatomy of Criticism: Four
　　　　Essays.*（10th printing），p.143。

第九章 結 論

　　1962 年，余光中〈懷夏菁〉一詩，[註1] 就已告訴好友自己愛「美」又迷「神話」。詩人戲稱自己是「逾齡的神話讀者」，「仍迷信自己的迷信，迷信著美」。這種喜歡或愛，如果被認為是一種「迷信」，他樂於「迷」這樣的「信」。這種堅定不悔的「執迷」，便是余光中臺灣詩所展現的神話傳說與唯美性。

　　余光中的「迷信」不只在神話與唯美，文化中國是另一個讓他沉迷其中，戀戀不捨的東西。那種文化相思可以「被一聲蟋蟀」「纖纖不絕」地牽起來。「北方的鞦韆南方的瓜架」、《詩經》的歌韻，都可以「嬝嬝地」惹他牽掛。牆角的矮圍籬、鞦韆、瓜架，滿天烏雲淋淋漓漓的黑墨汁，和著一聲聲蟋蟀的低吟，這些都是他從小聽慣的「叮嚀」，《詩經》中的歌謠就這樣輕輕裊裊地被哼了起來，「北方的灶頭啊南方的井湄」，又在眼前活鮮鮮地浮現出來。[註2] 強烈的懷古、懷鄉，毋寧是余光中臺灣詩的另一特色。

一、唯美的臺灣詩

　　余光中曾說美是他的宗教，[註3] 在其臺灣詩中，他所欣賞的美有正反相濟的美——剛與柔、古雅與前衛等相反卻相濟的美體，如模特兒的「端莊不妨蠱惑」，如王俠軍磁器之「危立得如此的穩健／輕脆得如此的堅挺」；也有幾何原理的美——「拋來又接去」的拋物線、圓球體的弧形線條與「圓滿」性，這些都是他所欣賞的。他認為「最圓滿的是球體」，所以他將海峽兩岸比做同心

〔註 1〕〈懷夏菁〉收在《五陵少年》。
〔註 2〕參見〈雨後寄夏菁〉一詩，收在《白玉苦瓜》。
〔註 3〕見於臺灣公共電視 2007 年 12 月《銀髮熟年》，訪余光中教授時做此表示。

圓，文化中華就是那個同心圓的「圓心」。王俠軍磁器的造形他稱之是「立體幾何的諧趣」，只要合乎幾何原理所構成的圖形，都是他喜愛的：臺北花卉博覽會的徽號被他稱讚是「集曲線美七色繽紛之大成」；花朵若是從「如太陽」之金黃蕊心「輻射向四方」的複瓣花卉──尤其是白色，更是他讚賞的對象。凡此都說明余光中是個唯美主義者。

二、神話傳說的臺灣詩

余光中的臺灣詩，除以寫實手法描寫臺灣社會的現實事態外，神話傳說在其臺灣詩中處處可見。余光中吟詠臺灣，並非完全「寫實」，他所寫的臺灣是他「心目」中的臺灣，那個臺灣對別人或許不真實，對詩人來說則是真實、可人的──剔除貪婪虛浮的現象，他真正喜愛的臺灣。尤其在吟詠臺灣的山水風物時，詩人常是半寫實半神話地，把臺灣帶入他迷戀的神話傳說世界。他就像迷戀神話一樣地迷戀著臺灣的山、臺灣的水、臺灣的風景文物。當他與臺灣的山水景物交會的那一剎那，那個遠在夐遠之域的神話、虛幻在夢中而心嚮往之的傳說，就真真實實地出現了。乍看像是詩人的象徵與譬喻法，其後又彷彿覺得真的就是那樣，就像陶淵明的〈桃花源記〉一樣，讓人如幻似真，虛實難辨，卻又心嚮往之。

三、文化中國情結的臺灣詩

故鄉是每個人重要的生命經驗，懷古、思鄉，寫之、吟之，自然不能說是詩人的錯。雖然五○、六○年代與現代、臺灣與中國大陸，在時、空上都已有落差，然而余光中臺灣詩中所隱含的鄉愁，仍充滿可觸及卻又無法企及的想像空間，這就是為什麼讀其臺灣詩，總會有無限悲涼的緣故。這份悲涼的情懷，應是「外省籍」臺灣人（中國大陸則稱之為「臺胞」）共有的情懷才是。

對故鄉的依戀、對文化的孺慕，是余光中和「外省籍」臺灣人共同的相思。當這種相思被絲絲細細地牽引起來時，他就發而為詩，所以他的臺灣詩總令人感覺有暈不開的鄉愁及濃濃的中國味──文化中國。他稱臺灣海峽是「水藍刀」，切斷母親與妻子；大陸的飛彈演習是「最不美麗」的煙火，因為它「把鄉愁燒成了鄉痛」。這種思鄉之情，在 1974 年以前佔去余詩的大半篇幅。1974年以後，他把這分情懷沉潛入心底。直到 1992 年，他重新踏上中國大陸的土地時，乃悟出他朝思暮想的「故鄉」，不只是「地理」的故鄉，更是「文化」故鄉，是他胎出的文化「基因」。他愛這樣的文化，深愛著這樣的「故鄉」、這

樣的「歌韻」、這樣的文化中國。這也就是余光中的臺灣詩，總帶著濃濃的文化中國色彩，迥不同於土生土長的臺灣詩人所寫的臺灣詩。

四、如情人爭吵的臺灣詩

臺北時期的余光中，努力地從現代主義等文學理論的泥沼中找回自己，最後他成功地從理論中突圍。高雄時期的余光中，則努力地想找回自己失去的伊甸園，而臺灣就是他的伊甸園。他一方面讚頌南臺灣的山水景物，把臺灣類比為神話傳說的世界；另一方面，卻又指責臺灣的超載、貪婪與失序。不但不留餘地地痛斥政客的無恥、腐化，更大聲疾呼保護環境生態，企圖恢復臺灣的「美」貌與和諧守禮的社會秩序。

他對臺灣的批評正像佛洛斯特（R.L.Frost，1874～1963）在〈今日的教訓〉中後數句所說的：

> 如果要墓誌銘述我的一生，
>
> 但願擬一篇短的給自己。
>
> 但願碑石上是這樣的字句：
>
> 他和這世界曾有情人的爭吵。〔註4〕

「情人的爭吵」（lover's quarrel）最能說明余光中對臺灣的批評態度。他對臺灣社會的不合理，甚或荒唐、愚昧的現象，常是愛深責切地，或寫實或諷諭地批評。寫實手法大多是其人如在眼前地，以那種「你……你……」的口氣，當面訓示或斥責，理直而氣壯。其諷諭方式，如〈飛越西岸〉批評貪婪、自私的政客，居心叵測、慾壑難填，是在金絲網中心操弄的那隻黑蜘蛛。再如〈慰齊邦媛老師〉，諷刺社會名流成了部長的「人頭」賬戶，如同替罪羔羊（pharmakos）。又如〈絕食者〉，寫遭同志拋棄的革命戰友，淪為政治鬥爭下的犧牲品。

王國維《人間詞話》云：「詩人對宇宙人生，須入乎其內，又須出乎其外。入乎其內，故能寫之；出乎其外，故能觀之。入乎其內，故有生氣；出乎其外，故有高致。」詩最忌直忌露，余光中寫臺灣事，難掩其無奈與憤嫉之情，這種像自家人的爭吵，終究不免是辛辣有餘，幽默、機趣不足。顯見其對臺灣「墮落」之憂心，不僅不能靜觀，甚至深陷其中，無法輕鬆、幽默地面對，王國維說的「高致」自然是談不上了；然而其愛「家」之深，也由此可見。

〔註4〕余光中，《英美現代詩選》。（臺北：水牛圖書出版事業有限公司，1992年初版，1999年二版二刷），頁127。

他愛臺灣,他當臺灣是家。但他也不滿意臺灣,這種「不滿意」只能算是情人的苛求,不能說是仇人的嫌惡與憎恨。

五、總結

「大塊假我以文章」,臺灣這塊土地,提供在地作家寫出與臺灣相關的作品。作家的出身背景不同,視野與取景的角度當然也就不同,自然而然地就會產生不同的美學風格。不管如何,只要是在臺灣這塊土地所孕育出來的作品,當然都是臺灣本土文學。

就如第二章所論,在 1970 年以前,余光中正在成長,一方面為飄泊無依的思鄉所苦,一方面又專注於詩藝的追求,在臺灣詩壇與時代潮流中浮浮沉沉,詠寫「臺灣」這塊土地,根本還沒有引起詩人的注意。這時候余光中臺灣詩的主題,是現代詩理論的爭議、詩壇的論戰以及內心的徬徨掙扎,若說這時候的他心中沒有臺灣,是不公允的。

1970 年以後,余光中的詩藝已臻高境,也釐清自己寫詩的三大主軸——要寫歷史感與現實感,眼光要關注在自己所處的地域上,不再隨著外來理論,時浮時沉,從此他的目光始終跟著臺灣。

從《白玉苦瓜》開始,臺灣經驗成為余詩的重要題材。我們在余光中的臺灣詩中,感受到島嶼的脈動、臺灣的心跳,臺灣的社會與福爾摩沙的民情風物,不斷地在他的詩中出現。尤其是 1985 年回高雄定居後,南臺灣繽紛多彩的山水風物,更是風情萬種地在其詩中登場。連「鬱卒」、「鬧熱滾滾」、「啥米碗鍋」,這些臺灣最俚俗的口語,也都被用入他的詩中,與昔日詩作對照,顯見這時期的余光中,是完全與臺灣融和了。可見先前思鄉、懷古的余光中,並沒有與臺灣疏離——有思鄉的折磨、臺灣詩壇的磨礪,才有以後詩藝高明的余光中;而南臺灣的山水風物,更使其高明詩藝有充分發揮的空間,「余光中臺灣詩」因而豐富而多姿多彩,「西子灣的余光中」遠遠超越「廈門街的余光中」。

余光中的臺灣詩深深地根植在臺灣這塊土地上。他在這塊土地,浸淫詩藝長達半個世紀有餘,可說是臺灣詩壇的長青樹。創作時間夠長,詩作夠豐富,也經歷臺灣現代詩變的每一個階段。本文第二章對余光中臺灣詩各時期的變化剖析,可以確認他的詩變與臺灣社會、時代背景相牽連;也與詩這種文學形式的枯萎、求新求變的內在風格之嬗變有關。其在現代詩論戰、天狼星論戰或臺灣鄉土文學論戰的「勇健」,余光中臺灣山水詩的「壯彩」,確實是有目共睹的。余光中臺灣詩允為臺灣現代詩的重要史料。

參考書目

壹、專書（依時間後先之序排列）

一、余光中作品

（一）詩集

  專集

1. 余光中，《太陽點名》。臺北：九歌出版社，2015。

2. 余光中，《藕神》。臺北：九歌出版社，2008。

3. 余光中，《高樓對海》。臺北：九歌出版社，2000。臺北：九歌出版社，2007（新版）。

4. 余光中，《五行無阻》。臺北：九歌出版社，1998。

5. 余光中，《安石榴》。臺北：洪範書店，1996。

6. 余光中，《夢與地理》。臺北：洪範書店，1990。

7. 余光中，《紫荊賦》。臺北：洪範書店，1986。

8. 余光中，《隔水觀音》。臺北：洪範書店，1983。

9. 余光中，《與永恆拔河》。臺北：洪範書店，1979、1993。

10. 余光中，《天狼星》。臺北：洪範書店，1976、1998。

11. 余光中，《白玉苦瓜》。臺北：大地出版社，1974。臺北：九歌出版社，2008（重排新版）。

12. 余光中，《在冷戰的年代》。臺北：藍星詩社，1969。臺北：純文學出版社，1984。

13. 余光中,《敲打樂》。臺北:藍星詩社,1969。臺北:九歌出版社,1986。

14. 余光中,《天國的夜市》。臺北:三民書局,1969。

15. 余光中,《五陵少年》。臺北:文星書店,1967。臺北:大地出版社,1981。

16. 余光中,《蓮的聯想》。臺北:文星書店,1964。臺北:大林書店,1969;臺北:時報文化出版公司,1980。臺北:九歌出版社,2007。

17. 余光中,《萬聖節》。臺北:藍星詩社,1960。

18. 余光中,《鐘乳石》。臺北:中外畫報社,1960。

19. 余光中,《藍色的羽毛》。臺北:藍星詩社,1954。

20. 余光中,《舟子的悲歌》。臺北:野風出版社,1952。

選集

1. 余光中,《余光中集》九卷。天津:百花文藝出版社,2004。

2. 余光中,《臺灣詩人選集⑭余光中集》。臺南:臺灣文學館,2008。

3. 余光中,《守夜人》(中英對照)。臺北:九歌出版社,2004。

4. 余光中,《余光中詩選【第 2 卷】1982~1998》。臺北:洪範書店,1998、2008。

5. 余光中,《雙人床》。臺北:洪範書店,1996。

6. 余光中,《余光中詩選》。臺北:洪範書店,1993。

7. 余光中,《余光中詩選 1949~1981》。臺北:洪範書店,1981。

(二) 散文集

1. 余光中,陳芳明編,《余光中跨世紀散文》。臺北:九歌出版社,2008。

2. 余光中,《青銅一夢》。臺北:九歌出版社,2005。

3. 余光中,〈詩與哲學〉《余光中談詩歌》。南昌:江西高校出版社,2003。

4. 余光中,《日不落家》。臺北:九歌出版社,1998。

5. 余光中,《隔水呼渡》。臺北:九歌出版社,1990。

6. 余光中,《憑一張地圖》。臺北:九歌出版社,1988、2008。

7. 余光中,《記憶像鐵軌一樣長》。臺北:洪範書店,1987。

8. 余光中,《青青邊愁》。臺北:純文學出版社,1977。

9. 余光中,《聽聽那冷雨》。臺北:純文學出版社,1974。臺北:九歌出版社,2008(新版)。

10. 余光中,《焚鶴人》。臺北:純文學出版社,1972。

11. 余光中,《詩人與驢》。臺北:藍燈出版社,1971。

12. 余光中，《望鄉的牧神》。臺北：藍星詩社，1968。臺北：純文學出版社，1974。臺北：九歌出版社，2008（新版）。

13. 余光中，《逍遙遊》。臺北：文星書店，1965。臺北：大林出版社，1970。臺北：時報出版公司，1984。

14. 余光中，《左手的繆思》。臺北：文星書店，1963。臺北：大林出版社，1970。臺北：時報出版公司，1980。

（三）評論集

1. 余光中，《舉杯向天笑》。臺北：九歌出版社，2008。

2. 余光中，《余光中談詩歌》。南昌：江西高校出版社，2003。

3. 余光中，《含英吐華：梁實秋翻譯獎評語集》。臺北：九歌出版社，2002。

4. 余光中，《藍墨水的下游》。臺北：九歌出版社，1998。

5. 余光中，《井然有序：余光中序文集》。臺北：九歌出版社，1996。

6. 余光中，《從徐霞客到梵谷》。臺北：九歌出版社，1994、2006（重排新版）。

7. 余光中，《分水嶺上：余光中評論文集》。臺北：純文學出版社，1981。

8. 余光中，《掌上雨》。臺北：文星書店，1964。臺北：大林出版社，1970。臺北：時報出版公司，1980。

（四）翻譯

1. 余光中，《英美現代詩選》。臺北：水牛圖書出版公司，1992年初版，1999年二版二刷。

2. 余光中譯註，《英詩譯註》。臺北：文星書店，1960。

二、其他專書
（一）中文

1. 黃維樑，《迎接華年》。香港：文思出版社，2011。

2. 目宿媒體、王耿瑜，《他們在島嶼寫作》。臺北：行人文化實驗室，2011。

3. 蕭蕭，《情無限・思無邪》。臺北：秀威資訊科技公司，2011。

4. 蕭蕭主編，《臺灣詩選》。臺北：二魚文化公司，2011。

5. 曹凌雲主編，《雁山甌水：余光中先生溫州行》。北京：中國戲劇出版社，2011。

6. 朱芳玲，《六〇年代臺灣現代主義小說的現代性》。臺北：臺灣學生書局，2010。

7. 柯柏榮，《內籬仔的火金姑》。臺南：臺南縣政府，2010。

8. 楊建夫，《臺灣的山脈》。臺北新店：遠足文化，2010 二版。

9. 龍應台，《大江大海一九四九》。臺北：天下雜誌公司，2009。

10. 洛夫，《洛夫詩歌全集》。臺北：普音文化事業公司，2009。

11. 余光中著，陳幸蕙編選賞析，《余光中幽默詩選》。臺北：天下遠見出版公司。

12. 黃永武，《新增本中國詩學：鑑賞篇》。臺北：巨流圖書公司，2008。

13. 蘇其康主編，《詩歌天保——余光中教授八十壽慶專集》。臺北：九歌出版社，2008。

14. 國立政治大學文學院編輯，《中國近代文化的解構與重建——余光中先生八十大壽學術研討會 第七屆中國近代文化問題學術研討會論文集》。臺北：政大文學院，2008。

15. 趙一凡主編，《西方文論關鍵詞》。北京：外語教學與研究出版社，2006。

16. 梁笑梅，《壯麗的歌者：余光中詩藝研究》。重慶：西南師範大學出版社，2006。

17. 黃維樑，《新詩的藝術》。南昌：江西高校出版社，2006。

18. 陳明柔主編，《臺灣的自然書寫》。臺中：晨星出版公司，2006。

19. 劉中樹、張福貴、白楊主編，《世界華文文學的新世紀》（第十四屆世界華文文國際學術研討會論文選）。長春：吉林大學出版社，2006。

20. 張錯，《西洋文學術語手冊——文學詮釋舉隅》。臺北：書林出版有限公司，2005。

21. 黃維樑，〈艾略特和中國詩學〉《中國文學縱橫論》。臺北：東大圖書公司，2005。

22. 廖雪芳，《百年孤寂‧王攀元》。臺北：雄獅圖書公司，2005。

23. 大中國際多媒體編，《臺灣人臺灣事》。臺北：統一夢公園生活事業公司，2004。

24. 郭虹，《哲學與美學的詩藝合璧——余光中散文研究》。長沙市：中南大學出版社，2004。

25. 蕭蕭，《台灣新詩美學》。臺北：爾雅出版社，2004。

26. 黃維樑，《文化英雄拜會記——錢鍾書、夏志清、余光中的作品與生活》。臺北：九歌出版社，2004。

27. 張學文主編，《壽山自然公園生態系列叢書圖鑑》。高雄：高雄市政府建設局，2003。

28. 胡經之主編，《西方文藝理論名著教程》。北京：北京大學出版社，2003。

29. 陳幸蕙，《悅讀余光中——詩卷》。臺北：爾雅出版社，2002。

30. 陳芳明，《後殖民臺灣：文學史及其周邊》。臺北：麥田出版社，2002。

31. 賴力行，《中國古代文論史》。長沙：岳麓書社，2002。

32. 湯晏，《民國第一才子錢鍾書》。臺北：時報文化出版公司，2001。傅孟麗，《茱萸的孩子——余光中傳》。臺北：天下文化出版社，2001。

33. 葉振輝主訪、陳慕貞記錄，《口述歷史：讓春天從高雄出發——余光中教授專訪》。高雄市：高雄市文獻委員會，2001。

34. 沈文台，《臺灣燈塔圖鑑》。臺北：貓頭鷹出版社，2000。

35. 劉紀蕙《孤兒‧女神‧負面書寫》，新北市：立緒出版社，2000。

36. 王振寰、瞿海源主編，《社會學與臺灣社會》。臺北：巨流圖書公司，1999。

37. 周鎮，《臺灣鄉土鳥誌》。南投：臺灣省立鳳凰谷鳥園，1998。

38. 錢學武，《自足的宇宙——余光中詩題材研究》。香港：香江出版社，1998。

39. 蘇其康主編，《結網與詩風——余光中先生七十壽慶專集》。臺北：九歌出版社，1998。

40. 鍾玲主編，《與永恆對壘——余光中七十壽慶詩文集》。臺北：九歌出版社，1998。

41. 何懷碩，《孤獨的滋味》。新北市：立緒文化出版社，1998。

42. 莫渝，〈六〇年代臺灣的鄉土詩〉，文訊雜誌社編，《臺灣現代詩史論》，臺北：文訊雜誌社，1996。

43. 張默、蕭蕭主編，《新詩三百首 一九一七～一九九五》。臺北：九歌出版社，1995。

44. 吳尊賢、徐偉斌合著，《臺灣賞鳥地圖》。臺北：大樹文化，1995。

45. 周鎮，《臺灣鳥圖鑑》。臺灣南投：臺灣省立鳳凰谷鳥園，1995。

46. 呂正惠，《文學經典與文化認同》。臺北：九歌出版社，1995。

47. 黃維樑編，《璀璨的五采筆余光中作品評論集（1979～1993）》。臺北：九歌出版社，1994。

48. 周鎮，《鳥與史料》。臺灣南投：臺灣省立鳳凰谷鳥園，1992。

49. 葉石濤,《臺灣文學的困境》。高雄市:派色文化出版社,1992。

50. 臺灣野鳥資訊社、日本野鳥の會監修,《臺灣野鳥圖鑑》。臺北縣:亞舍圖書公司,1991。

51. 李瑞騰,《臺灣文學風貌》。臺北:三民書局,1991。

52. 錢鍾書,《管錐編》。臺北:書林出版公司,1990。

53. 余光中、羅青、鍾玲撰文,王慶華攝影,《蘭嶼頌》。臺北:行政院原子能委員會放射性待處理物料管理處,1989。

54. 黃美英,《臺灣文化滄桑》。臺北:自立晚報文化出版部,1988。

55. 黃臺香,《博覽中國9:臺灣》。臺北:中國百科出版社,1988。

56. 蕭蕭,《現代詩學》。臺北:東大圖書公司,1987。

57. 劉勰著、王更生注譯,《文心雕龍讀本》。臺北:文史哲出版社,1986。

58. 司空圖著、陳國球導讀,《二十四詩品》。臺北:金楓出版公司,1986。

59. 王孝廉,《神話與小說》。臺北:時報出版公司,1986。

60. 羅青,《不明飛行物來了》。臺北:純文學出版社,1984。

61. 陳鼓應編,《存在主義》。臺北:臺灣商務印書館,1967初版,1983增訂九版。

62. 覃子豪,《論現代詩》。臺中:曾文出版社,1982。

63. 黃維樑,《怎樣讀新詩》。香港:學津書店,1982。

64. 〔唐〕白居易,《白居易集》。臺北:里仁書局,1980。

65. 朱介凡,《中國兒歌》。臺北:純文學出版社,1977年初版、1980三版。

66. 黃維樑編,《火浴的鳳凰余光中作品評論集》。臺北:純文學出版社,1979。

67. 羅青,《從徐志摩到余光中》。臺北:爾雅出版社,1978。

68. 夏志清,《人的文學》。臺北:純文學出版社,1977。

69. 黃維樑,《中國詩學縱橫論》。臺北:洪範書店,1977。

70. 《楊弦的歌》。臺北:洪建全教育文化基金會,1977。

71. 覃子豪,《詩的表現方法》。臺中市:新企業世界出版社,1977。

72. 顏元叔,《文學經驗》。臺北:志文出版社,1975。

73. 顏元叔,《文學的玄思》〈新批評學派的文學理論與手法〉。臺北:驚聲文物供應公司,1972。

74. 〔清〕林雲銘,《楚辭燈》。臺北:廣文書局,1971。

75. 張默主編，《現代詩人書簡集》。臺中市：普天出版社，1969。

（二）譯文（依英文字母順序排列）

1. Aristotelés 著，陳中梅譯注，《詩學》。臺北：臺灣商務印書館，2001。

2. C.R.Reaske 著、徐進夫譯，《英詩分析法》（*Hov to Analyze Poetry*）。臺北：成文出版社，1977。

3. E.Fromm 著、葉頌濤譯，《被遺忘的語言——夢的精神分析》（*The Forgotten Language*）。臺北：志文出版社，1971 初版、1994 再版。

4. F.H.Burnett 著，林湘譯，《文學批評與鑑賞》。臺北：源成文化圖書供應社，1977。

5. J.Rosner 著、鄭泰安譯，《精神分析入門》（*All About Psychoanalysis*）。臺北：志文出版社，1971 初版，1994 再版。

6. J.R.Willingham，W.L.Guerin，E.C.Lsbor，L.Morgan 編，徐進夫譯，《文學欣賞與批評》（*A Handbook of Critical Approaches to Literature*）。臺北：幼獅文化事業公司，1975。

7. M.Eliade 著，楊素娥譯，《聖與俗——宗教的本質》。臺北：桂冠圖書公司，2001。

8. N.Frye 著，陳慧、袁憲軍、吳偉仁譯，吳持哲校譯，《批評的解剖》（*Anatomy of Criticism: Four Essays*）。天津：百花文藝出版社，2006。

9. R.Wellek & A.Warren 著，劉象愚、邢培明、陳聖生、李哲明等譯，《文學理論》（*Theory of Literature*）。南京：江蘇教育出版社，2005。

10. R. Wellek & A. Warren 著，梁伯傑譯，《文學理論》（*Theory of Literature*）。臺北：水牛出版社，1999。

11. T.Eagleton 著，吳新發譯，《文學理論導讀》（*Literary Theory an Introduction*）。臺北：書林出版公司，1993。

貳、期刊（依時間後先之序排列）

一、學報論文

1. 章亞昕，〈高臺跳水：余光中的「回馬槍」〉，《名作欣賞》，2007 年 3 月第 5 期，頁 67～69。

2. 湯天勇，〈在「反叛」中展開的現代詩學——試論余光中的詩歌構想〉，

《黃岡師范學院學報》，第 27 卷第 1 期 2007 年 2 月，頁 44～47。

3. 高建國，〈《春天，遂想起》中的家園意識〉，《新余高專學報》，2007 年 2 月，第 12 卷第 1 期，頁 63～65。

4. 林凱，〈對峙的張力 凸顯的深情——讀《我的四個假想敵》〉《臺灣法研究》，2007 年第 2 期，頁 79～80。

5. 繆國林，〈追尋精神的家園——品讀余光中《聽聽那冷雨》蘊含的思想情感〉《語文教學之友》2007 年第 6 期，頁 33～34。

6. 黃維樑，〈20 世紀 80 年代以來余光中的鄉土詩〉《華文文學》，2007 年第 2 期，頁 5～11。

7. 萬春耕，〈解讀「冷雨」的雙重性〉《閱讀與鑒賞》（教研版），2007 年第 7 期，頁 55～56。

8. 張宏健，〈余光中《聽聽那冷雨》語言特色淺析〉，《教育革新》，2007 年第 7 期，頁 34。

9. 周惠珍，〈余光中散文詞語賞析〉，《荷澤學院學報》，2006 年 12 月第 28 卷第 06 期，頁 25～27。

10. 黃維樑，〈鄉土詩人余光中〉，《當代詩學》，2006 年 9 月第 2 期，頁 31～47。

11. 黃維樑，〈1980 年代以來余光中的鄉土詩〉，《世界華文文學的新世紀》。（長春市：吉林大學出版社，2006），頁 336～346。

12. 陶德宗，〈論余光中江河詩的生命內涵與美質〉，《西南師范大學學報》（人文社會科學版），2006 年 7 月第 32 卷第 4 期，頁 22～25。

13. 周引莉，〈余光中散文研究管窺〉，《商丘師範學院學報》，2006 年 6 月第 22 卷第 3 期，頁 54～56。

14. 許萍，〈論余光中鄉土詩的審美特徵〉，《南平師專學報》，2006 年 1 月第 25 卷第 1 期，頁 66～68。

15. 黃維樑，〈余光中詠臺灣水果〉，《詩探索》，第 2 期，2006 年，頁 38～48。

16. 李偉，〈余光中詩歌的文化內涵〉《語文學刊》，2006 年第 10 期，頁 59～61。

17. 周岳，〈《聽聽那冷雨》抒情主體人稱之再剖析〉，《現代語文》（文學研究版），第 7 期，2006 年，頁 109～110。

18. 吳靈靈，〈瓦當作歌語還休——讀余光中《聽聽那冷雨》〉，《閱讀與鑒賞》

（高中版），2006 年 Z 2 期，頁 103。

19. 楊茲舉，〈余光中散文「重工業」說的審美內涵〉，《海南師範學院學報》
（社會科學版），2006 年第 19 卷第 2 期，頁 57～59。

20. 陳信安，〈六〇年代余光中與洛夫論戰析評〉《世新中文研究集刊》1，2005
年 6 月，頁 145～160。

21. 李丹，〈談狄金森余光中詩不同的情感類型〉，《世界華文文論壇》，2005
年第 4 期，頁 20～22。

22. 顧瑛，〈詩性的文化語言——文化語言學視野下的余光中散文〉《西南民
族大學學報》（人文社科版）1，頁 392～395。

23. 吳樂央、汪啟平，〈論余光中詩文的現代文化意識〉，《唐山學院學報》2，
2005 年，頁 41～44。

24. 莊偉杰，〈靈魂的珍珠項鏈——余光中詩歌從邊緣切入的兩种向度窺探〉，
《晉陽學刊》1，2005 年，頁 103。

25. 樊善標，〈戰場與戰略——余光中六十年代散文革新主張的一種詮釋〉《人
文中國學報》10，2004 年，頁 187～219。

26. 陸明，〈瑰麗奇偉而見生命——談余光中 20 世紀 60～70 年代散文的感性
和創新〉《遼寧工學院學報》（社會科學版），2004 年 4 月 Vol.6 no.2。頁
84～85。

27. 王進，〈比較視界中的台灣散文解讀〉《西南民族大學學報》（人文社科版）
9，2004 年，頁 140～146。

28. 張黎黎，〈論余光中寫景散文的人文關懷〉，《江西社會科學》，第 12 期，
2003 年，頁 81～82。

29. 張永健，〈余光中思鄉戀土詩歌特色論〉，《益陽師專學報》4，2001 年，
頁 54～58。

30. 黃維樑，〈禮贊木棉樹和控訴大煙囪——論余光中八〇年代的社會詩〉《中
外文學》第 199 期，1988 年，頁 4～30。

31. 張漢良，〈都市詩言談——臺灣的例子〉《當代》第 32 期，1988 年，頁 38
～52。

二、雜誌論文

1. 劉思坊記錄整理，〈記憶像鐵軌一樣長——余光中對談陳芳明〉《印刻文
學生活誌》第肆卷第玖期。（臺北縣：印刻文學生活雜誌社，2008 年 5 月），

頁 87～95。

2. 余光中，〈傳鐘悠悠長在耳〉《印刻文學生活誌》第肆卷第玖期。（臺北縣：印刻文學生活雜誌社，2008 年 5 月），頁 39。

3. 陳芳明，〈詩藝追求，止於至善〉《印刻文學生活誌》第肆卷第玖期。（臺北縣：印刻文學生活雜誌社，2008 年 5 月），頁 96～97。

4. 黃維樑，〈余光中的「文心雕龍」〉《印刻文學生活誌》第肆卷第玖期。（臺北縣：印刻文學生活雜誌社，2008 年 5 月），頁 108。

5. 李立明，〈永遠的白蓮──余光中〈迴旋曲〉析論〉《國文天地》，2006 年 1 月 248 期，頁 4～9。

6. 陳淑彬，〈英雄‧倩影──余光中詩中「神」與「史」的中國符碼再現〉，《淡藍為美：藍星詩學》㉒，2005 年 12 月，頁 224～242。

7. 陳幸蕙，〈悅讀手記（17）──戀戀美麗島〉，《明道文藝》350，2005 年 5 月，頁 38～45。

8. 黃曼君，〈網絡與鼠標──與余光中先生對話〉《圓桌詩刊》5，2004 年 4 月，頁 34。

9. 黃維樑，〈讀黃曼君的〈網絡與鼠標──與余光中先生對話〉〉《圓桌詩刊》5，2004 年 4 月，頁 34。

10. 郭虹，〈史家筆墨 詩人情懷──余光中記寫人物的藝術〉《寫作》19，2004 年，頁 12～14。

11. 黃維樑，〈余光中詠水果詩〉《明道文藝》2005 年 10 月號，頁 111～117。

12. 童八生，〈後殖民語境中的余光中創作〉《當代文壇》3，2004 年，頁 99～101。

13. 黃維樑，〈和獨白的余光中對白〉《明道文藝》2004 年 2 月號。頁 144～153。

14. 陳淑彬，〈「妻」的解讀──余光中的臺灣書寫〉《淡藍為美：藍星詩學㉑》（2003 年 12 月），頁 172～192。

15. 傅孟麗，〈和星宿停止爭吵──七十歲的余光中〉《臺港文學選刊》總 202 期（2003 年第 9 期），頁 51～55。

16. 黃芬絹，〈余光中與廈門街〉《國文天地》218 期，2003 年 7 月，頁 11～16。

17. 陳幸蕙，〈悅讀手記（3）──雨水臺灣‧雨水中國〉《明道文藝》326 期，

2003 年 5 月，頁 64～80。

18. 關風，〈余光中家庭裏的詩〉《老年人》9，2002 年，頁 36～37。

19. 錢志富，〈余光中是怎樣成為中國當代大詩人的〉《淡藍為美：藍星詩學》⑫，2001 年 12 月，頁 160～174。

20. 譚五昌，〈臺灣詩壇三巨柱〉《淡藍為美：藍星詩學》⑩，2001 年 6 月，頁 147～148。

21. 魯蛟，〈甜甜的土地甜甜的詩——讀余光中的「車過枋寮」〉《淡藍為美：藍星詩學》⑦，2000 年 9 月，頁 162～166。

22. 黃維樑，〈用文心雕龍來析評文學——以余光中作品為例〉。(「中國比較文學學會第六屆年會暨國際學術研討會」論文，1999。

23. 蕭阿勤，〈1980 年代以來臺灣文化民族主義的發展：以「臺灣（民族）文學」為主的分析〉〉，《臺灣社會學研究》，第 3 期（1999 年 7 月），頁 20。

24. 李瑞騰，〈余光中的高雄情——以詩為例〉《聯合文學》第 168 期，1998 年，頁 68～70。

25. 古遠清，〈西子灣談詩記——訪余光中教授〉《詩探索（理論卷）》1996 卷 1 期，頁 117～124。

26. 陳素雲，〈余光中詩中的臺灣關懷——民國七十四年定居高雄之後（下）〉《國文天地》135，1996 年，頁 101～105。

27. 陳素雲，〈余光中詩中的臺灣關懷——民國七十四年定居高雄之後（上）〉《國文天地》134，1996 年，頁 86～92。

28. 蕭蕭，〈余光中結，臺灣結——〈夢與地理〉的深情〉《藍星詩刊》㉕，1990 年，頁 126～135。

29. 張健，〈心仍在島上〉《聯合文學》第 25 期，1986 年，頁 212～213。

三、報紙論文

1. 黃維樑析評余光中詠水果詩，所詠水果有：甘蔗、蓮霧、檳榔、芒果，這些文章登在兩岸三地的報刊上：

2. 〈水上蓮空中霧——余光中水果詩之一〉，香港《大公報》（2005 年 7 月 10 日）

3. 〈豐隆豔紅的外遇——余光中水果詩之二〉，香港《大公報》（2005 年 7 月 24 日）

4. 〈一枝可口的牧歌〉，廣州《羊城晚報》（2005 年 8 月 3 日）。又香港《大

公報》（2005 年 11 月 27 日）

5. 〈辣妹，再來一粒〉，香港《大公報》（2005 年 11 月 6 日）。

6. 徐學，〈走不盡的廈門街——余光中與廈門的文學因緣〉，《文匯報·文藝》
   D6（1995 年 5 月 21 日）

7. 尚政，〈關於文學與社會意識及其他——就教於白先勇、胡菊人、余光中
   先生〉，《新晚報·星海》B9 文學第六三二期（1979 年 9 月 11 日）。

參、學位論文（依時間後先之序排列）

1. 羅春菊，《余光中《蓮的聯想》中國古典意象研究》。臺灣師範大學國文學
   系在職進修碩士班，碩士論文，2008。

2. 簡惠貞，《余光中文學理論研究》。高雄師範大學國文教學碩士班，碩士
   論文，2006。

3. 楊宗穎，《余光中遊記研究》。雲林科技大學漢學資料整理研究所，碩士
   論文，2006。

4. 張黎黎，《在永恆中結晶——論余光中散文理論及創作實踐》。蘇州大學
   中國現當代文學研究，博士論文，2005。

5. 陳義芝，《臺灣現代主義詩學流變析論》。臺灣師範大學國文學系，博士
   論文，2004。

6. 曾香綾，《余光中詩研究》。臺灣師範大學國文學系在職進修碩士班，碩
   士論文，2004。

7. 陳葆玲，《余光中高雄時期現代詩創作之研究》。高雄師範大學國文研所，
   碩士論文，2003。

8. 邱珮萱，《戰後臺灣散文中的原鄉書寫》。高雄師大國文所，博士論文，
   2002。

9. 謝嘉琪，《余光中詩中的文化認同研究》。中正大學國研所，碩士論文，
   2002。

10. 張笑塹，《余光中詩論》。蘇州大學中國現當代文學研究，碩士論文，2002。

11. 湯玉琦，《詩人的自我與外在世界——論洛夫、余光中、簡政珍的詩語言》。
    清華大學文學所外文組，碩士論文，1994。

12. 陳玉芬，《余光中散文研究》，臺灣大學文學研究所，碩士論文，1993。

13. 陳秀貞，《余光中詩的語言風格研究》。中正大學中文所，碩士論文，1992。

肆、外文書目（依英文字母排序）

1. C.Baldick，《牛津文學術語詞典》（*The Concise Oxford Dictionary of Literary Terms*）。上海：上海外語教育出版社，2000 一刷，2006 五刷。

2. J.A.Cuddon, (revised by C.E.Preston), *The Dictionary of Literary Terms and Literary Theory.*: Penguin, 1999.

3. R.Wellek & A.Warren, *Theory of Literature* (third edition). New York: Harcourt, Brace & World, Inc., 1956.

伍、網路資源

1. 國家圖書館【當代文學史料影像系統】2009.2.18
（網址：http://lit.ncl.edu.tw/hypage.cgi?HYPAGE=home/index.htm）

2. 國家圖書館【臺灣地方志影像資料庫】2011.3.3
（網址：http://thcts.ascc.net/local_j_ch.htm）

3. 行政院文化建設委員會【臺灣大百科全書】2012.7.15
（網址：http://taiwanpedia.culture.tw/web/content?ID=4618）

4. 行政院文化建設委員會【國家文化資料庫】2011.3.16
（網址：http://nrch.cca.gov.tw/ccahome/index.jsp）

5. 國立臺灣文學館【臺灣文學年鑑】2012.7.14
（網址：http://almanac.nmtl.gov.tw/opencms/almanac/result.html;jsessionid=
3733D994409F1DCE6746B857D8ACD35B?query=%25E5%25A5%2594%
25E8%25B5%25B0%25E5%2581%25B5%25E6%259F%25A5）

6. 臺灣文學作家系列 2010.9
（網址：http://www.rti.org.tw/ajax/recommend/literator_default.aspx）

7. 中國當代作家口述歷史計劃 2010.8
（網址：http://www.library.ln.edu.hk/eresources/lingnan/oral_history/）

8. CEPS 思博網——中文電子期刊
（網址：http://www.ceps.com.tw/ec/echome.aspx）

9. 中國期刊網 CJNNet 2010.8（網址：http://cnki.csis.com.tw/）

10.《中國大百科智慧藏》2011.12.

（網址：http://www.google.com/search?q=cache:JosfTQ8VWSAJ:134.208.
10.81/cpedia/Content.asp%3FID%3D75940+%E6%9B%B2%E6%B1%9F&
hl=zh-TW&gl=tw&ct=clnk&cd=4）

11. 交通部高雄港務局全球資訊網 2010.9.5（網址：http://www.khb.gov.tw/）

12. 臺灣總督府資料庫 2010.9.29（網址：http://sotokufu.sinica.edu.tw/sotokufu/
topic/database/topic/menu.html）

13. 墾丁國家公園管理處網站 2010.5.3（網址：http://www.ktnp.gov.tw/）

14. 臺東縣旅遊觀光網「發現臺東」2010.6.24.
（網址：http://tour.taitung.gov.tw/ch/AllInOne_Show.aspx?path=404&guid=
088e36d7-c9ef-4009-8bc6-f45bd21270ca&lang=zh-tw）

15. 臺灣國家地質公園網站 2012.5.19.
（網址：http://140.112.64.54/TGN/intro/super_pages.php?ID=tgnintro3）

16. 經濟部水利署全球資訊網 2012.4.27.
（網址：http://www.wra.gov.tw/ct.asp?xItem=20072&CtNode=4398#）

17. 太魯閣國家公園網站 2010.6.23.
（網址：http://www.taroko.gov.tw/zhTW/）

18. 國立海洋生物博物館網站 2010.10.30
（網址：http://www.nmmba.gov.tw/index.aspx）

19. 國立臺灣美術館「席德進藝術之美」網站 2011.3.16.
（網址：http://www1.ntmofa.gov.tw/shiy/index.html）

20. 臺灣氣象局網站 2011.6.12.
（網址：http://photino.cwb.gov.tw/tyweb/mainpage.htm）

21.《伊莉百科全書》2011.6.19
（網址：http://wiki.eyny.com/wiki/%E7%A0%82%E5%B3%B6）

22. 中央研究院漢籍電子文獻《正統道藏電子文庫資料庫》2010.10.26
（網址：http://hanji.sinica.edu.tw/）

23. 中華民國行政院農業委員會《臺灣水生植物圖誌》網頁 2010.11.19
（網址：http://www.coa.gov.tw/show_index.php）

24. 砂島貝殼展示中心網站 2011.6.16（網址：http://mmweb.tw/35081/）